地域ガバナンスシステム・シリ

政府・地方自治体と市民社会の戦略的連携

―英国コンパクトにみる先駆性―

龍谷大学地域人材・公共政策開発システム
オープン・リサーチ・センター（LORC）
企　画

的場　信敬
編　著

公人の友社

もくじ

まえがき ……………………………………………………………… 4

第1章　政府セクターと非営利セクターのパートナーシップ
：英国におけるコンパクトの意義と役割

　　　　　　　　　　　　　　　　　　的場　信敬 ……… 6
　1　はじめに …………………………………………………… 6
　2　ナショナル・コンパクト成立の流れ …………………… 8
　3　ナショナル・コンパクトの策定 ………………………… 13
　4　ナショナル・コンパクトの内容 ………………………… 13
　5　ナショナル・コンパクト実践の促進 …………………… 16
　6　コンパクト・プラスからコンパクト行動計画へ ……… 18
　7　ナショナル・コンパクトからローカル・コンパクトへ … 20
　8　コンパクトの特徴と成果 ………………………………… 23
　9　今後のさらなる展開に向けて …………………………… 28
　10　おわりに ………………………………………………… 33

第2章　レディングのローカル・コンパクトについて
　　　　　　　　　　　　　　　　　白石　克孝 ……… 40
　1　レディングの概要 ………………………………………… 40
　2　レディングの地方行政制度 ……………………………… 41
　3　レディング・コンパクト―最初期の事例として ……… 43
　4　コンパクトの策定過程 …………………………………… 44
　5　コンパクトの内容 ………………………………………… 45
　6　運営上の特徴 ……………………………………………… 46
　7　その後の展開 ……………………………………………… 48

第3章　リーズ市におけるローカル・コンパクトについて
　　　　　　　　　　　　　辻本　乃理子・的場　信敬 …… 50
　1　リーズ市の概要 …………………………………………… 50

2	ローカル・コンパクトの策定プロセス	51
3	リーズ市コンパクトの内容	53
4	リーズ市コンパクトの実践	54
5	パートナーシップ型プロセスが可能になった要因	55
6	問題点と今後の課題	56
7	おわりに	58

第4章　バーミンガム市におけるコンパクトの取り組み
　　　　　　　　　　　　　　　的場　信敬　……　59
1	バーミンガム市の概要	59
2	コンパクト策定のプロセス	60
3	コンパクトの内容	62
4	コンパクトの展開	64
5	新たな関係性の構築	65

第5章　愛知県日進市における『にっしん協働ルールブック
　　　　―市民活動団体と行政の協働指針［理念編］』の取り組み
　　　　　　　　　　　　　　　的場　信敬　……　67
1	はじめに	67
2	日進市の概要	68
3	協働ルールブックまでの道のり	68
4	にっしん協働ルールブック	68
5	先進的な取り組みが可能になった要因	70
6	今後の展開	72

第6章　資料編
　　―英国3都市のコンパクト　一部訳
　　　　　　　　　　　　　　　的場　信敬　訳　……　74
1	レディング：The Reading Compact	75
2	リーズ市：Compact for Leeds	80
3	バーミンガム市：The Birmingham Compact	83

まえがき

　日本の地域公共政策は現在大きな転換点を迎えています。「小さな政府」論による政治・行政改革の流れの中で、「パートナーシップ（協働）」や「地域ガバナンス」、「非営利セクターの役割」といったキーワードが頻繁に議論されています。政府セクターがそれまで一手に担ってきた公共を、非営利セクターや企業セクターとの新たなパートナーシップの枠組みの中でどのように担っていくのか、つまりはセクター間の関係性の検討が重要になっています。

　英国では、福祉国家体制と決別したサッチャー保守党政権以降、非営利セクターが公共の担い手として表舞台に登場してきました。それ以後、2大政党制（保守党と労働党）における両党の公共政策のせめぎあいの中で、非営利セクターの社会における位置づけは常に変化しています。

　そのような中、ブレア労働党政権のもと1998年に策定されたのが「コンパクト」です。コンパクトとは「協約、盟約」という意味ですが、端的に言うと政府セクターと非営利セクターとのパートナーシップにおける関係性を定義づけした覚書です。コンパクトでは、両者が「多くの補完的な機能と共通の価値観を持つ」ことを確認した上で、非営利セクターを、公共の福祉のために欠くことのできない自立したセクターと位置づけ、政府セクターと非営利セクターの対等なパートナーシップによって社会の改善を目指すという理念とそのための両者の責務などを、全体的な理念的枠組みとして提示しています。

　英国では、特にブレア前政権以降、パートナーシップ型ガバナンスの実現に向けた諸政策が、政府の強い意志とリーダーシップのもとに次々と進められました。その中で、政府セクター非営利セクター双方が、悪戦苦闘しながら最適な関係性を模索してきました。このようなトップ・ダウン的なプロセスの是非はさておき、そこでの歴史と経験をしっかりと理解し分析しておくことは、現在パートナーシップの議論が進む日本にも大変有益ではないかと

思います。

　そこで本書では、この英国のコンパクトの取り組みを紹介します。第1章では、主に国レベルのコンパクトに焦点をあて、その開発プロセスと内容の検討から、英国がどのようなビジョンと社会像をもって、コンパクトを進めてきたのかを明らかにします。また日本の取り組みについても若干のコメントを加えています。それをふまえて、第2〜4章では、地域レベルで活発な活動を展開している3つの都市（レディング、リーズ、バーミンガム）の事例を紹介します。ローカル・コンパクト（地域版コンパクト）は、地域の特徴を反映したユニークなものになりますが、3つの事例を並べることでそのユニークさを理解して頂ければと思います。また、単にコンパクトの取り組みだけでなく、コンパクトをベースとしてその後のさまざまな地域政策が展開されてきたプロセスも大変興味深いものがあります。そして第5章では、日本のコンパクトのさきがけのひとつとして、先進的な取り組みを展開している日進市の事例を紹介します。最後に第6章で資料編として、紹介した英国の3都市のコンパクトの一部訳を掲載しています。なお、第2章は龍谷大学教授の白石克孝氏に、第3章は編者との共著として大阪健康福祉短期大学講師の辻本乃理子氏にご寄稿頂きました。

　本書は、龍谷大学地域人材・公共政策開発システム オープン・リサーチ・センター（LORC）の研究事業成果として刊行されるものです。LORCは文部科学省の私立大学学術研究高度化推進事業であるオープン・リサーチ・センター整備事業の助成をうけて設置されたものです。

　最後になりましたが、本書の刊行にあたっては、英国バーミンガム大学の小山善彦氏に貴重なアドバイスを頂きました。また、公人の友社の武内英晴氏には無理なお願いを何度もお聞き頂き、大変厳しい時間的制約の中で本書の刊行を実現して頂きました。お名前を記して感謝の意を表します。

的場　信敬

第1章　政府セクターと非営利セクターの
　　　　　　　　　　　　パートナーシップ
：英国におけるコンパクトの意義と役割

的場　信敬

1　はじめに

　昨今、地域における公共の担い手として、非営利組織[1]の役割が注目されている。既存の政府セクター主導のシステムでは多様化した地域課題への対応が難しくなっていることや、地方自治体の慢性的な財政赤字といったことがその背景にある。さらに、新しい公共システムとしての地域ガバナンス論の登場も、非営利組織への関心を誘う要因となっている。
　そもそも政府セクターと非営利セクターは、公共の利益のために存在するという点においてその目的を共有する。そのため両者がパートナーとして協力することは、業務の重複の解消や政策・サービスの質の向上という点から有益である。政府セクターからみれば、高齢化にともなう福祉対策や国際化

---

[1] 本稿では、日本の特定非営利活動法人格（NPO法人格）を取得した団体を指す場合のみ「NPO (Non-profit Organisation)」を用い、その他一般的に非営利な団体全体を指す場合は「非営利組織」、またその総体を表す語句として「非営利セクター」を用いる。英国ではNPOとほぼ同義語としてチャリティ（Charity）やボランタリー組織（Voluntary Organisations）などいくつかの語句が使用されるが、本稿では、便宜上、英国の非営利な団体およびその総体についても「非営利組織」、「非営利セクター」という語句を用いる。

による在日外国人の社会的排除、青少年問題や環境問題などに対応する上で、地域に根ざした非営利セクターとの協力は有効と考えられる。また、行政業務の効率化や慢性的な財政赤字の軽減を目的とする「小さな政府」論でも、非営利セクターの存在意義が議論されている。他方、非営利セクターからみれば、組織としての政策・主張を地域ガバナンスにより広く反映させるために、あるいはそのための活動資金や情報などを獲得するという意味からも、政府セクターとのパートナーシップを積極的に捉える見方が可能になる。

　パートナーシップの体系や定義は、その国・地域の社会的、文化的、制度的背景によって当然異なる。しかし、パートナー間の相互信頼と対等性といった基本的な要素は、国際的に共通という認識も一方で広がりつつある。日本でもこうした論点が広く議論されるようになったが、実際のパートナーシップの実践をみると、まだ発展段階にあると言わざるを得ない。日本では特に明治以降、中央集権体制のもと政府セクターが独占的に公益を担ってきたため、非営利セクターの社会的役割は制限され、人材や資金といった資本の流入も限定的であった。1998年に特定非営利活動促進法（NPO法）が施行され、徐々に改善が見られているとはいえ、非営利セクターの独立性や持続性を確保する社会システムの構築は、依然として大きな課題として残されている。

　本ブックレットでは、英国における「コンパクト（Compact）」の活動を紹介する[2]。1997年に保守党から18年ぶりに政権を奪取した労働党のブレア首相は、非営利セクターとの協力を公共政策の基本として位置づけた。それを具体化する手段の一つとして1998年11月に成立させたのがコンパクトである。コンパクトとは「協約、盟約」といった意味があるが、ここでは政府セクターと非営利セクターとのパートナーシップにおける関係性を定義づけし

---

[2] コンパクトは、英国の4つの地域（イングランド、スコットランド、ウェールズ、北アイルランド）それぞれに策定されている。本稿では、イングランドのコンパクトについて論じている。

た覚書のことを指している。コンパクトは、政府セクターと非営利セクターの関係性を明文化した最初の試みであり、現在では地方自治体も含め、ほぼすべての政府セクターがコンパクトの理念や原則の影響を受けるようになっている[3]。

現在日本では、「小さな政府」論によって政府セクターの役割が見直され、将来目指すべき政府、非営利、企業各セクターの新しい関係性が議論されている。中でも、政府セクターと非営利セクターの関係は、今後の日本の社会構造や公共政策に大きく影響する重要なテーマである。英国におけるサッチャー政権以降の行政改革では、非営利セクターの役割が常に議論され、公共政策における位置づけを高めてきたという経緯がある。とくに、ブレア政権下での政府セクターと非営利セクターの関係拡大には目を見張るものがあり、その中で大きな役割を果たしたコンパクトの内容と意義を理解しておくことは、日本のこれからの公共政策にとって重要な意味をもつと思われる。

本稿では、まず、戦後の英国における非営利セクターの社会的役割の変遷とコンパクト成立までの歴史的背景を概観する。そして、コンパクト実践のための取り組みと、ローカル・コンパクトへの流れを検討した後で、コンパクトが英国社会にもたらした成果、意義についてまとめる。最後に、日本での取り組みについても若干のコメントを加えている。

2　ナショナル・コンパクト成立の流れ

英国では第2次世界大戦後、労働党のアトリー首相のもと、石炭、鉄道、通信などの基幹産業を国営化し、「ゆりかごから墓場まで」というスローガンが示すとおりの極端な福祉国家政策を進めた。国により手厚い社会保障制度が整備され、公共サービス提供は政府セクター主導で行われた。この福祉

---

[3] 地域レベルの「ローカル・コンパクト」は、2006年時点で、イングランド全自治体の99%を超える自治体（382自治体）で策定済みあるいは策定中となっている（Compact Voice, 2007b）。

国家政策は、後のウィルソン労働党政権はもちろん、その間の保守党政権時においても極端に方向転換されることはなかった。そのため戦後から1970年代末までは、公共の担い手としての非営利セクターの役割は限定的であった。

この状況を大きく転換させたのが、1979年に政権を奪取した保守党のサッチャー首相である。長年の福祉国家政策により疲弊した国の経済・財政の立て直しと、国の関与を極力減らす「小さな政府」の実現を公約に勝利を収めたサッチャー首相は、新自由主義的な諸政策を次々と展開する。それまで政府セクターが提供していたさまざまな公共サービス（ガス、電話、航空会社など）の民営化や、所得税や法人税の切り下げ、強制競争入札制度（CCT）の導入などを断行し、停滞していた英国経済を市場の競争原理によって再活性化することを試みた。政府や地方自治体は、非営利組織を公共サービスの新しい提供主体として認識し、非営利組織が供給するサービスを政府セクターが購入して公益を確保する、つまり「契約（contract）」の関係性が新たに発生した[4]。この時期の政府セクターと非営利セクターの関係性は「契約文化（Contract Culture）」という言葉で表現される。

政府セクターとの契約では国民の税金が利用されるため、契約相手の非営利組織が提供するサービスには、国民を満足させるだけの質の高さが求められる。その質を確保するためには、そのサービスを提供する非営利組織、ひいては総体としての非営利セクターの組織力、人材力、資金力など、キャパシティが高められる必要がある。当時の政府もこの点を鑑み、英国で最も大きな非営利組織の中間支援組織である全国非営利組織協議会（National Council for Voluntary Organisations：以後、NCVO）などに、この時期多額な資金が投入された。このほかにも、セクターの社会的地位の向上による有能な人材の流入や政府セクターとの契約による資金確保、契約履行のための非営利組織

---

[4] サッチャー政権以前は、政府セクターから非営利セクターへの資金の流れは、使途を限定しない助成金（grants）が一般的であったが、非営利セクターの説明責任が十分に果たされていないという一部の批判があり、このような委託契約関係が促進されたという一面もある。

の自助努力などにより、非営利セクターの能力は格段に強化された。

このように、サッチャー政権下では非営利セクターの公共の担い手としての注目度は高まったが、それはあくまで「公共サービスの提供主体」としてのものであり、政策策定の意思決定への参画やそのための非営利セクターのキャパシティ構築といった視点はほとんど見られなかった（Osborne and McLaughlin, 2004）。むしろ、政府セクターがカバーしきれない公共サービスの「すき間」を埋める補完的役割を担うことが一般的であり、それはつまり、政府セクターが意思決定の権限を保持したまま、サービス提供のみに安価で効率的な非営利セクターを利用する、という「行政の効率化」の見地に立った上でのパートナーシップ関係であった[5]（Ross and Osborne, 2000; NCVO, 2000; 後、2004）。

1994年、当時野党であった労働党の党首に就任したトニー・ブレアは、次回の総選挙（1997年）に際し、非営利セクターとの対等なパートナーシップの概念を公共政策の基本として位置づけた。ブレア党首は当時、次のような言葉を残している。「我々は、非営利セクターの独立性の尊重の念を回復する必要がある。私は、非営利セクターとの単なる契約関係を是としない。私が望むのは、公益における共通の目的に向けて共に協力するような、もっと深い関係である」（Labour Party, 1996, p.2 [Morison, 2000, p.108 から引用]）。

1997年の総選挙で18年ぶりに保守党から政権を奪取したブレアは、旧労働党が目指した福祉国家でも保守党の新自由主義でもない中道左派路線、いわゆる「第3の道」の立場をとり、新労働党（New Labour）として改革に動

---

5 このような新自由主義的思考が、相互理解と信頼を旨とする成熟したパートナーシップ関係を育む阻害要因になったという見方もある（Craig, et al., 2002）。
6 SRBは、ブレア政権の前のメイジャー保守党政権の政策である。パートナーシップの理念を掲げた政策であったため、ブレア政権でも継承された。ただ、SRBの第1ラウンドでは、非営利セクターの資金獲得率が極端に低く、非営利セクターの権限拡大の意思の欠如が指摘された。また、パートナーシップ概念についても、予算を得るための形式的な関係を構築するに過ぎない、といった批判的な意見も多く見られた（Ross and Osborne, 2000）。

き出す。この改革の旗印としてパートナーシップの概念が提唱され、単一包括予算（Single Regeneration Budget：以後、SRB）[6]やローカル・アジェンダ21（Local Agenda 21）、近隣地域再生資金（Neighbourhood Renewal Fund：以後、NRF）、コミュニティ・ニュー・ディール（New Deal for Community：以後、NDC）、コミュニティ戦略（Community Strategy）など、さまざまなパートナーシップ型の政策が進められた。これらの政策では、非営利セクターが公共サービスの主要な担い手として、特に地域の末端グループの声まで拾い上げる社会的包摂（social inclusion）を達成するための重要な役割を担っている（Osborne and McLaughlin, 2004）。また、これらSRBやNRF、さらにはEUの「田園地域開発プログラム（Rural Development Programme）」といった最近の資金提供プログラムへの申請には、パートナーシップによる政策履行が不可欠な要素として設定されており、非営利セクターの公共政策への参画の動きを促している（Ross and Osborne, 2000）。ある地方自治体職員のコメントは、このような状況を端的に表している。「保健機関や非営利セクターあるいはコミュニティとパートナーシップを組んで政策を進めていることをアピール出来なければ、資金獲得の競争に勝利することはあり得ない」（JRF, 1999）。このように、非営利セクターは政府セクターの対等なパートナーとして位置付けられ、それに伴い地域における地方自治体の役割は、以前福祉国家における「サービス供給者（provider）」あるいはサッチャー政権時の「サービス購入者（purchaser）」という役割から、社会の多様なニーズに応えるためのあらゆる状況を整える「条件整備者（enabler）」の役割に変化してきた。

　このような一連の流れの中で、非営利セクターの社会認知度は高まり公共の担い手としての役割も重要度を増したが、それと共に政府セクターとの関係性の問題が指摘されるようになった。例えば、「契約文化」の時期においては、非営利セクターが資金獲得のためにサービス購入者である政府セクターが優先するサービスの提供に力を入れ過ぎて、非営利セクター本来の独自性や先駆性が損なわれることが懸念された。また、新自由主義的な行政改革の視点では、非営利セクターは公共サービス提供のための安価な労働力と

して見られがちであり、さらには、英国では非営利セクターの資金源の3分の1が政府セクターからのものであるというデータもあり、資金提供者である政府セクターが非営利セクターの独立性を阻害するという可能性も指摘されていた（山崎、2003）[7]。

　非営利セクターは当初からこのような点を問題視し、サッチャー政権時から非営利セクターと政府セクターの関係性に関する公式な検討とルール作りを求めていたが取り入れらなかった（栗本、2003; 松井、2004b）。そのため、NCVOは1995年にディーキン教授を議長とした委員会を政府セクターの援助なしに立ち上げ、その成果は「ディーキン報告」(1996)としてまとめられた（Plowden, 2003）。この報告では、契約文化が進む中で、非営利セクターが独自性を失うことなく自律的な活動を行うことの重要性と、政府セクターが非営利セクターの社会的意義や独立性を理解し受け入れる必要性を説いており（山崎、2003）、これを達成するために後に触れる「協定（Concordat：Compactの原型となるもの）」を策定する提案がなされている。この提案は当時政権にあった保守党からは積極的に受け入れられなかったが、労働党は1997年の総選挙の際の政策文書『将来を共に（Building the Future Together）』において、非営利セクターとのパートナーシップ路線を明確に打ち出し、コンパクトの策定も明示した。ここに至って、1980年代から続いていた「契約文化（Contract Culture）」から「パートナーシップ文化（Partnership Culture）」への変革がはじまったのである[8]。

7　日本でもこれまで、非営利セクターとしての財団法人が行政の資金提供を受けることにより、出先機関のようになってしまうケースが見られた（Salamon and Anheier, 1994）。
8　現在のLSPやLAAといった政策にも「契約」概念は発展的に残っているが、そこでの相互尊重・理解を重視するセクター間の関係性が、以前の契約関係とは決定的に異なっている。
9　ナショナル・コンパクトやその他報告書など、コンパクトについての情報は、コンパクトのウェブサイト：www.thecompacts.org で取得可能。
10　非営利セクターの健全な育成を主業務とした。後に、Active Community Unit、さらにActive Community Directorateと改称された。

3 ナショナル・コンパクトの策定[9]

新労働党が政権を取った2ヵ月後にはNCVOのワーキング・グループ（Working Group on Government Relations）がコンパクトの内容と焦点について議論の場を設けた（今井、2005）。このワーキング・グループは非営利セクターの中間支援団体の代表などが主にメンバーとして参加しており、このグループによって非営利セクター側のコンパクト草稿が作成されることになった。ただ、このような一部の組織の代表からなるワーキング・グループが、全英に大小合わせて30万以上ある非営利組織を代表することへの疑問、つまりはワーキング・グループの非営利セクターの代表としての正当性の問題は当初から指摘されていた。これに対応するために、非営利団体への多方面にわたるコンサルテーション、65の非営利組織からなるサブ・グループ（a reference group：ワーキング・グループの議論をサポートする役割を果たした）の編成、各種ワークショップや情報収集・共有のための研究会といったイベント、既存の非営利組織ネットワークを使った意見聴取、など、出来るだけ多くの非営利組織の意見を反映させるよう工夫がなされた。このようにして作成されたコンパクト草稿は、内務省のボランタリー＆コミュニティ・ユニット（Voluntary and Community Unit）[10]へと提出され、内務省やその他多数の省庁間での調整を経て、1998年11月に施行された（Plowden, 2003, p.421-422）。

4 ナショナル・コンパクトの内容

コンパクトは、政府セクターと非営利セクターとの関係性について双方の責任や取り組みなどを明示した宣言書（＝協約）である。契約とは違い、そこには法的拘束力はなく、コンパクトに示された活動の実践は、あくまで当事者のボランティアとなっている。ここで言う政府セクターには、政府省庁のほかに、政府広域事務所（Government Offices for the Regions）やエージェン

シー（Next Step Executive Agency）も含まれている。

　イングランドのコンパクトは、8つのカテゴリー（コンパクトのステータス、共有されるビジョン、共有される原則、政府の取り組み、非営利セクターの取り組み、コミュニティ団体と黒人およびエスニック・マイノリティ団体に関する問題、意見相違の解決、コンパクトの実践に向けて）について、17のメイン・パラグラフとサブ・パラグラフによってその取り組みが示されている。

　コンパクトでは特に重要視している点がいくつか見られる。まず非営利セクターの独立性の確保が挙げられる。「共有されるビジョン」において、非営利セクターを「独立した非営利組織で、社会に独自の価値をもたらし政府や市場とは異なる役割を担う」ものと位置づけ、その非営利活動を、「民主的で社会的包摂（social inclusion）を達成する社会の発展には欠かせない」ものであるとしている（Home Office, 1998, par.5）。さらに、「共有される原則」でも「独立した多様な非営利セクターは、社会の福利には欠かせない（par.8.2）」と繰り返されている。このスタンスは「政府の取り組み」においても強調されており、このコンパクトによって非営利セクターの独立性と社会的地位をしっかりと確保し、対等なパートナーとして位置づける、という双方の意思が見て取れる。

　また、資金提供の面が強調されているのも大きな特徴である。「共有される原則」で、政府セクターは非営利セクターの出資者として重要な役割を果たしていることが確認され、ゆえに資金提供の問題が両者の関係性の議論において重要なポイントであることが示されている。そこで、「政府の取り組み」の中で特別に「資金（Funding）」の章を設けて政府が行う約束事を示し、さらに、コンパクトの実践を促進するために策定される5つの「優れた実践のための行動規範（Code of Good Practice：以後、CoGP）」の1つとして取り上げることを確認している。

　また、これまで市民社会の中で特に排除されてきた、黒人およびエスニック・マイノリティの問題を特別にひとつの章で取り上げて、現政権の政策キーワードのひとつである社会的包摂の解決と結び付けているのもポイントである。

このコンパクトは、あくまで「はじまり（a starting point）」(Home Office, 1998, par.15) として捉えられており、その後の実践に向けて、CoGPの策定や年次大会の開催などの政策、政府が地方自治体を含むより広範な公共機関にコンパクトの採用を呼びかけるなどの推進活動を行っていくことが明示されている[11]。

　全体をとおして、コンパクトの内容はかなり理念的・抽象的で、これだけではどのような施策を行っていくのかは正直不明瞭である。これを補足するためのCoGPであるが、これも「Code＝規範」という言葉が示すとおり、数値目標などを細かく設定しているものではない。その意味で、研究者・実務者両者が認めているように、その実効性を疑問視する声は当初からあがっていた。(Morison, 2000; Plowden, 2003; MORI, 2005)。ただ、内容があまりに限定されると、それに適合しないような非営利組織はコンパクトを重要視せず、政府セクターとの関係構築・改善につながらないということにもなりかねない。柔軟な理念的取り決めだからこそ幅広い非営利組織が利用できるということも考えられる。また、コンパクトの策定プロセスや示された内容は、非営利セクターの社会的地位の確立とそのためのキャパシティ増大について、政府セクター非営利セクター双方の意欲と今後の更なる展開を感じさせるものであった (Morison, 2000, p.119)。事実、後述するように、CoGPや「コンパクト・プラス (Compact Plus)」の動き、さらには2007年に発表された「コンパクト行動計画 (Compact Action Plan)」など、現政権や非営利セクターが、当時の気運を維持し、引き続き活動を推進する努力を続けていることが伺える。このような努力は、地域レベルでのコンパクト（ローカル・コンパクト）策定の動きとして、地方自治体や地域の非営利組織へも受け継がれている。

11　現在では、中央省庁部局や地方自治体、政府広域事務所に加えて、独立公共機関（Non-departmental Public Bodies：NDPB）も、政府セクターの一員としてコンパクトが適用される。

5　ナショナル・コンパクト実践の促進

　コンパクト本文の補完と国内各地の取り組みのある程度の一貫性と実効を確保するために策定されたのが、5つの「優れた実践のための行動規範(CoGP)」である。これは、両セクターの関係性を考える上で特に重要なポイントと考えられた5つのテーマ（資金、コンサルテーションと政策監査、ボランティア、コミュニティ・グループ、黒人およびエスニック・マイノリティのボランタリー&コミュニティ組織）について、活動原則や目標、具体的活動などが設定されている。これらの規範は、コンパクト・ワーキング・グループの下に編成されたサブ・グループによって、コンパクト策定時と同じように広範なコンサルテーションを経て策定された（Plowden, 2003）。CoGPは、目的や意義などについて、コンパクト本文よりも詳しく説明しているほか、先進事例や必要となる活動のチェック・リストなどの紹介もあり、より実践的なものになっている。CoGPのうち、「資金」については、その「獲得」についての条文を加えて改定され、ボランティア年にあわせてアップデートされた「ボランティア」のCoGPと共に2005年に改訂版が出版された。

　コンパクトには法的拘束力がなく不履行時の罰則規定も設定されていない。これにより生じるさまざまなセクター間の衝突の解決のために、双方が相談を持ちかけることの出来る「調停スキーム（Mediation scheme）」が設定されている。これは特に非営利セクターの要望により実現したもので、スキームの運営は、第三者組織として、国際的に調停業務を専門に扱う独立の非営利組織、「効果的な紛争解決センター（Centre for Effective Dispute Resolution）」によって行われている。

　コンパクトにかかる活動は、年に1度開催される年次大会の中で報告され、その報告書は英国議会に提出されている。2006年11月に開催された第7回の大会には、国会議員や内閣府、財務省、内務省、保健省、コミュニティ・地方政府省、通商産業省など中央省庁の大臣および職員、地方政府協会

(Local Government Association)、非営利セクターの代表と、コンパクトの利害関係者が多数参加している。2006年の年次報告書では、政府セクター内部のより広範な組織の巻き込みと分野横断的取り組みの必要性、特に黒人およびエスニック・マイノリティ団体に関する活動の遅れと資金提供に関する取り組みの強化などが指摘されており、このような問題への対応を含めたその後1年間の行動計画が提示されている（Home Office and CWG, 2006）。

　また、このような政府セクターと非営利セクターの新たな関係性の構築に向けて、中央省庁でも新たな対応を始めている。財務省は、2002年に「クロス・カッティング・レビュー（The Cross-cutting Review）」を発表した（HM Treasury, 2002）。この報告書では、非営利セクターを公共サービス提供の重要なパートナーとして位置づけ、より効果的な協力体制の確立と高品質なサービス提供のために、非営利セクターの更なるキャパシティの増大とインフラ整備に向けて省庁横断型の戦略が必要であるとしており、そのための47に及ぶ行動計画を提示している[12]。また、コンパクトについて1つの章を特に設けて、コンパクトの原則が政府の主要理念として据えられていることを明示した上で、現在のコンパクトへの認識の欠如と不十分な実践を問題視し、その解決のために各省庁の管理職スタッフの巻き込みと、地域における活動、つまりはローカル・コンパクトの更なる促進の必要性を説いている。予算を司る財務省が、このような非営利セクターとの関係性を重視するレポートを取りまとめたことから、パートナーシップ型社会の実現に向けてより現実的な期待が生まれた（松井、2004b）[13]。事実、このレポートの中で、「フューチャービルダーズ（Futurebuilders）」という1億2500万ポンド（約250億円）もの新たな資

---

[12]　この報告書の策定自身も、策定段階からの非営利セクターの代表者の参加および市民へのコンサルテーション、プロセスの透明性などが考慮されていた。
[13]　ただ、このレポートが、非営利セクターの公共サービスの「提供」の役割を特に重視していることを挙げ、政策策定段階の意思決定への参画という、パートナーシップ本来の動きから「契約文化」時の関係性に戻ろうとしている、と批判する見方もある（Osborne and McLaughlin, 2004）

金プログラムが発表されている[14]。

特に最近の動きとしては、2006年11月の年次大会において、全国的なコンパクトの動きの継続と再活性化のために、コンパクト・ワーキング・グループ（Compact Working Group）がコンパクト・ボイス（Compact Voice）と名称を変え、非営利セクターの代表者としてコンパクト関連の折衝を担当することになった。さらに、新たな実践枠組みとして、委員長（コミッショナー：Commissioner）を頂点としたコンパクト委員会（Commission for the Compact）も新たに整備された。コンパクト委員会は、政府セクターにも非営利セクターにも属さない独立した機関として運営され、その主な業務としては、コンパクトの実践調査と課題や問題点の抽出、政府省庁や関係機関へのコンパクト実践の働きかけ、両セクターへの先進事例の紹介、などが挙げられる。また、2007年5月からはコンパクト委員会の最初のビジネス・プラン（事業計画）作成に向けた、外部へのコンサルテーションのプロセスも始まっている。ちなみに初代委員長には、チャリティ委員会（Charity Commission）の委員長や非営利組織のディレクターなどを歴任したジョン・ストーカー（John Stoker）氏が就任しており、豊富な経験を生かしたリーダーシップが期待されている。

6　コンパクト・プラスからコンパクト行動計画へ

ナショナル・コンパクト成立後に策定された5つのCoGPは、それぞれの問題点についてかなり広範に詳しく問題点を抽出し、どのようなアクションが必要かを提起している。ただ、それが逆にページ数の増加を生み（コンパクトと5つのCoGPを合わせると140ページ近い）、効果的に機能していないという批判も年次大会などで指摘されていた。このような状況を鑑み、内務省は

---

[14] フューチャービルダーズの資金のうち、80％はインフラなどハード面への投資ということで、その有効性を認めつつも、人材育成などのソフト面への視点が少ないことを疑問視する議論もある（Osborne and McLaughlin, 2004）

2005年3月に、これまでのレビューと今後の展開を利害関係者に図るためのコンサルテーション文書、『パートナーシップの強化に向けて：コンパクトの次のステップへ（Strengthening Partnerships: Next Steps for Compact）』を発表した（Home Office, 2005）。この中で、コンパクトの内容を元に、より短く焦点を絞ったコンパクト・プラス（Compact Plus）の概念を提示した。内務省のアクティブ・コミュニティ・ユニット（Active Community Unit：当時）によって行われたコンサルテーションの結果は、第3者機関であるMORI（Market & Opinion Research International）によって分析され報告書として提出された（MORI, 2005）。

コンパクト・プラスは、実践のためのツールという性格が強く、活動の評価機能の強化も図られており、このようなプラクティカルな視点が回答者からの支持を得ていた。また特に、資金面に関する活動の強化、例えば複数年資金プログラムや資金の即時払い、間接費を含めた事業全てにかかるコストの支払い（フル・コスト・リカバリー：full cost recoveryと呼ばれる）などを重要視する点は、特に小規模な非営利組織の巻き込みに有効な政策と考えられた（MORI, 2005）。このコンパクト・プラスの概念は、2006年末の年次総会で採択された「コンパクト行動計画（Compact Action Plan）」や、現在策定が進められているコンパクト委員会の事業計画（Business Plan）に引き継がれている。

コンパクト行動計画では、コンパクトの理念を実践に移すべく、目標と達成のための行動、評価指標を設定している。達成のための行動では、コンパクトの対象となるコンパクト・ボイスや地方政府協会（LGA）、政府省庁、地方自治体やコミュニティ、政府広域事務所、そして新しく組織されたコンパクト委員会といった利害関係者の行動目標を掲げている。これらの多様な主体を巻き込み、かつ現在政府が進めている「地域戦略パートナーシップ（Local Strategic Partnership：以後、LSP）」や「地域合意契約（Local Area Agreements：以後、LAA）」といった、コンパクトに関係の深い他のパートナーシップ型施策と関連性を持たせることで、コンパクトの実践性を高める工夫がされている（Compact Voice and Office of the Third Sector, 2007）。

7　ナショナル・コンパクトからローカル・コンパクトへ

　コンパクトの理念の実現には、ナショナル・コンパクトの促進の動きと合わせて、地域レベルでの活動が必要不可欠である。英国の非営利セクターの70％は地域レベルで活動をしているため（HM Treasury, 2002）、コンパクトに限らず非営利セクターに関する政策には、地域的な視点が重要になるからである。そのため、ナショナル・コンパクトおよび最近策定されたコンパクト行動計画では、地方自治体に、その地域の実情や特徴を鑑みつつコンパクトの理念と方法論を採用することを求めている。また、2002年4月に開催されたコンパクトの第3回年次大会において、2004年4月までに、すべての自治体でローカル・コンパクトが策定されるよう期限付きで促進を図ることが決定された（松井、2004）。政府の方針としても、2005年11月までに全ての自治体のコンパクト策定が求められたが、最新の年次報告書では、99％の自治体がコンパクトを策定済みあるいは策定中である（Compact Voice, 2007b）。
　このような流れを踏まえて、NCVOは多くのコンサルテーション・イベントや地方自治体や非営利組織からの意見を集約して、2000年にローカル・コンパクト策定のためのガイドラインを作成した（NCVO, 2000）。そこでは、ローカル・コンパクト策定時の要点が挙げられている（表1-1）。
　ローカル・コンパクトによって、それまでの行政の官僚的な手続き・考え方を廃し、地方自治体が地域運営を独占して行う形からパートナーシップによる対話型・参加型の地域運営への転換をはかる、という明確な目標がこれらの要点に良く現れている。このガイドラインではまた、ナショナル・コンパクトの5つのCoGPの内容を特に考慮しつつ、地域の実状に合わせた広範な問題点を組み込むことが提案されている。さらに、既存の諸政策、例えばベスト・バリューやコミュニティ・ニュー・ディール、コミュニティ戦略などとの実践においてのリンクを作ることで、地域における計画策定時の非営利セクターの参加や、コミュニティへのコンサルテーションの仕組みを形成

表1-1　ローカル・コンパクト策定時の要点

- ローカル・コンパクトからどのような恩恵を受けるのか事前に明確にする。
- その上で、地域のコンパクト策定を検討する最初の会合に出席し、他の利害関係者とコンパクト策定および地域の将来のビジョンを共有する。
- 策定プロセスを急いではいけない。すべての利害関係者が参加できるような体制を整える。
- ローカル・コンパクトの文書を策定することが目的ではない。それをいかに実践していくかが大切である。
- 利害関係者のオーナーシップ(ownership)と対等なパートナーシップを土台とした広範な関係性を確保する。
- 出来上がったドキュメントをレビューし、継続性を確保する。

（NCVO,2000,p.3 を元に筆者が説明的意訳を加筆）

する助けとなるとし、その促進が薦められている（NCVO, 2000）。

ナショナル・コンパクトと同様に、ローカル・コンパクトも法的拘束力を持たない。いわば「ボランティア政策」であり、そのための特別な予算も計上されていない。それにもかかわらず、現在99％の自治体がコンパクトを策定済みあるいは策定中であることは、特筆に値するであろう。この理由としては、まず、政府がパートナーシップ型政策を次々としかも予算を伴う形で推し進めてきたことによって、地域において利害関係者の意思に関わらずパートナーシップの動きが模索され、その関係性を規定する必要に地域が迫られていることが挙げられよう[15]。また、非営利セクターの社会的地位と役割が確立されている英国では、コンパクトに先駆けてすでに両者の関係性に関して何らかの合意文書や取り決めが存在する地域が多く、それがコンパクトの土台になったことも理由のひとつと考えられる。事実、成功例と呼ばれ

---

[15] パートナーシップ型ガバナンスが国の政策となっている現在、地方自治体にとっては、コンパクトの推進自体があらたな地域ガバナンスにおける自分たちの役割を保障することになる、という見方もある（Craig, et al., 2002）

> 表1-2　ローカル・コンパクトの成功要素
>
> ● 地方政府内部にローカル・コンパクトの推進に熱心かつ優秀なスタッフが存在し、内部からローカル・コンパクトへの部局の参加を促し、変化をもたらすこと。
> ● 地方政府の部局間および地域の公共団体間のコミュニケーション。
> ● 自治体職員や地方議会議員のコミットメントのために、トレーニング・プログラムの開発が必要。それと共に、実際に非営利セクターのスタッフと交流を深めるような機会を作ることも有効。
> ● 非営利セクターの多様性を、利害関係者が認識すること。
> ● 非営利セクターのインフラ整備とキャパシティ構築の視点。
> ● 利害関係者の相互理解を深めるための時間。
> ● 政府セクターと非営利セクターの間の対話や、非営利セクターへの「投資」の歴史（これまでの友好的な関係性は、コンパクトの実践に利点となる）。
>
> （JRF,1999）

るコンパクトは、ローカル・アジェンダ21プロセスなど両者の対話の歴史があるところから多く出ていることが、JRFの報告書でも紹介されている（JRF, 1999）。JRFの報告では、ローカル・コンパクトが地域で正当性を持ち、利害関係者に共有され有効活用されるためには、表1-2に挙げたような要素が必要になると指摘している。

また、当初は基礎自治体レベルで策定が進んでいたコンパクトであるが、近年では、リージョナル・コンパクト（Regional Compact）[16]の必要性も論じられており、実際にすでに策定されているところもある。政府広域事務所（Government Offices for Regions）や広域開発エージェンシー（RDA）の設置と

16　イングランドでは現在、ロンドン以外のエリアを8つに分けてそれぞれに政府広域事務所（Government Offices）をおき、予算と権限を与えて広域レベルでのガバナンスを進めている。各域に、主に経済発展を視野に入れた広域開発エージェンシー（Regional Development Agency）と広域議会（Regional Assembly：ロンドン以外は地方議会から認定されたメンバーで構成。中央政府と地域レベルの意見の調整を主に担当）が設立された。

いった、英国政府の近年の広域レベルでの取り組みの広がりを考えると、これはある意味自然な流れであろう。このレベルで活動を展開しているような非営利組織も当然あるので、そのような新たな組織を巻き込みことは、社会的包摂の面からも評価できる。今後、既存のナショナル・コンパクトあるいはローカル・コンパクトとの兼ね合いが検討課題になるが、逆に言えば、地域性を考慮しつつ国レベルの取り組みともリンクさせる、という両者をつなぐ役割を担うことも期待できよう[17]。

8　コンパクトの特徴と成果

これまでコンパクト成立の背景からその内容、現在の状況などを概観してきたが、コンパクトが英国社会にもたらした成果とは、どのようなものであっただろうか。いくつかの特徴から検討してみたい。

パートナーシップ文化のシンボル
本稿の冒頭でも述べたように、ブレア政権は当初から非営利セクターとのパートナーシップを政策の中心に据え、同セクターを対等なパートナーかつ公共を担うメイン・アクターとして位置づけた。このような非営利セクターとの新しい関係性と社会的役割について、政府セクター非営利セクター双方が議論・合意し、英国で初めて明文化した意義は大きい。英国でも、コンパクトの前からパートナーシップ型政策や非営利セクターに関する取り決めは存在したが、それらは基本的に非営利セクターとの協力体制を模索する政府セクターによる取り組みであり、その検討には非営利セクターからの意見のインプットはあったものの、本当の意味での成熟した関係性の議論はなされ

---

[17] リージョナル・コンパクトのほか、県（County）全域をカバーする「カウンティワイド・コンパクト」や、複数の基礎自治体が県のコンパクトに署名する形など、さまざまな展開が見られる。これらについては、今井（2005）に詳しい。

てこなかった（Ross and Osborne, 2000）。ブレア政権初期に策定されたこともあり、政府の非営利セクターに対する一定の方向性が示され、その後の契約文化からパートナーシップ文化への変革のシンボル的政策になった。

非営利セクターの独立性の確保

また、非営利セクターの独立性について明示したことも重要な成果だろう。政府セクターと非営利セクターの関係が深まっていく中で、非営利セクターの独立性、特にその先進性や独自性、アドボカシー性、といった社会における貴重かつ独特の機能が、弱められるあるいは阻害されることが懸念されていた。これに対応するため、コンパクトでは「独立性（Independence）」というパラグラフを特に設けて（パラグラフ9.1）、非営利組織が、法律の範囲内で政府に対してキャンペーンを行うことや、資金提供の有無を問わず政府の政策に意見を述べること、そして、政府セクターのコントロールを受けることなく独立して組織運営や意思決定を行うことを保障している。これにより、少なくとも理念的には、非営利セクターの独立性は確保され、その独特の役割が社会の重要な要素として位置付けられたことになる。

新しい関係性の構築：策定初期段階からの参画とオーナーシップ

コンパクトの策定プロセスでは、策定のアイディアが非営利セクターから提起され、それが新労働党の政策とリンクして実現した背景もあり、プロセス初期段階から政府セクターと非営利セクターのパートナーシップによる策定作業が実現した。非営利セクターの代表を中心としたコンパクト・ワーキング・グループによる草案作成のほか、約1年半という策定期間中には多くのコンサルテーションが非営利組織を通して行われており、市民を含めた非営利セクターの意見を反映させようという努力が見られる。

このような多者間によるパートナーシップの取り組みによって、セクター間およびセクター内で、新たなネットワークが構築される。特にローカル・コンパクトの策定において確立されたそれぞれの長所を集合的に活用するよ

うなネットワークは、その地域の社会関係資本（Social Capital）として、それ以後の地域ガバナンスに有効であろう。

パートナーシップ型政策の経験では、政策策定プロセス自体が両者の相互理解や尊重につながり、新たな関係性の構築に大きな役割を果たすことがよく言われるが、コンパクトでも同様のことが指摘されている（Craig, et al., 2002）。また、このような政策策定初期段階からの参画は、その政策への責任感や思い入れといった意識、つまりはオーナーシップ（ownership）を喚起し、その後の実践に向けて非常に有効である。事実、策定から10年が経過した現在も、非営利セクターの代表としてコンパクト・ボイスが、コンパクト行動計画の策定や年次大会の開催と報告の取りまとめ、ローカル・コンパクトの推進など、活発な活動を展開している。

キャパシティ構築の視点

上述のとおり、コンパクトでは、政府セクターは非営利セクターを対等なパートナーとして位置付けているが、その一方で、非営利セクターのキャパシティのより一層の増大の必要性を認め、そのための方策を双方が講じることを明示していることも重要なポイントである。具体的な行動や数値目標などは提示されていないものの、基本理念として、非営利セクターのキャパシティ増大の必要性を、政府セクター非営利セクター双方が認識し合意していることの意義は大きい。この点、例えば日本のNPO法は、法人格取得の手続法として意義のある法律だが、コンパクトのように非営利セクターを育成するという視点は持っていない。

非営利セクターの説明責任の確保

政府セクターはもちろんだが、これからの非営利セクターも、政府セクターと連携しつつ公的資金を組織運営や活動にあてて公益を担う以上、活動についての説明責任を市民やその他のセクターに対してしっかりと果たす必要がある。コンパクトでは双方の社会的責任を再確認し、対等なパートナー

の関係性を構築する中で、良い意味でお互いを「管理・監視」するようなシステムの構築が考えられている（後、2004; 松井、2004b）。

パートナーシップ型政策の実践への足がかり

コンパクトは具体的な数値目標の達成を目指すような行動計画というよりも、セクター間の関係性の枠組みを提示する理念的文書という性格が強い。コンパクト自身がこの文書を「はじまり（starting point）」と位置付け、政府セクターのあらゆる組織がコンパクトの理念を採用し今後の非営利セクターとの協力関係を構築するよう定めている。このような性格上、コンパクトは国、地域といったレベルを問わず、それ以後の非営利セクターが関係するあらゆる政策に参照されるべき文書である。

幸い、財務省のクロス・カッティング・レビューや副首相府（当時）のLAAガイダンス（ODPM,2006）といった政府省庁の文書にもコンパクトの理念の遂行が取り上げられており、また、「コンパクト行動計画」では、現在政府が進めているLSPやLAAといったパートナーシップ型政策とのより一層の連携強化が明示された[18]。さらに、この行動計画の採択の場である2006年度の年次大会には、中央省庁の大臣や職員が多数出席しており、コンパクトの理念への関心の高さと、分野横断的に広がりつつある現状が見て取れる。

資金面の強調

上述したとおり、コンパクトは新しい関係性構築のための理念的枠組みという性格が強いが、特に重要な現在の課題についてもいくつか取り上げている。その中で特に重要視されているのが「資金」である。英国でも非営利セ

18　LSPとのつながりについては、今井（2005）が、地域のLSPの関係性を定義するLSP型コンパクトの出現を紹介しているほか、Home Office（2005）でも、ローカル・コンパクトの策定および実践作業が、地域のさまざまなセクターを巻き込みつつあり、その中でLSPが主要な役割を果たしていることが指摘されている。

クターが抱える最も重要な課題のひとつが資金関連のものである。セクター間の関係性の議論で言えば、政府セクターから非営利セクターへの公的資金の流れは近年増加傾向にあり（HM Treasury, 2002）、資金提供者と資金受益者の関係から非営利セクターの独立性が脅かされるという懸念があった。また、資金の性格ついても、従来の補助金は単年の事業費が多く、中長期的でかつ事業費だけでなく間接費もカバーできるような資金ではなかったため、非営利組織の安定した組織運営に支障があった。他方、契約の場合は、しばしば中長期で運営全体をカバーできるようなものがあるが、基本的には政府セクターの優先順位に従った特定サービス提供に関する事業への資金であり、補助金のように、非営利セクターが望む事業に自由に利用できるものは少なかった。

　コンパクトでは、「資金（Funding）」の項を独立して設け、その中でより詳しい枠組みとしてCoGPを策定することを明示した上で、より非営利セクターの意思を尊重した資金提供政策や、事業資金の事前提供（事後だと資金力の弱い組織は厳しい）および次期補助金情報の早期発信、そして複数年の資金プログラムなどの枠組みを提供している。また最近では、事業の直接費・間接費両方をカバーする「フル・コスト・リカバリー」の考えも普及してきた。

　さらに、中央省庁の動きとしても、財務省の「フューチャービルダーズ」のほか、2004年には、内務省が非営利セクターとのパートナーシップにより「チェンジアップ（Change Up）」という新たな資金プログラムを開発するなど[19]、非営利セクターのキャパシティ増大とインフラ整備のための仕組みが着々と進んでいる。ちなみにこれらの資金は最近の新たな予算編成でもその額が大幅にアップされている（Home Office, 2005）。

　後（2004, p.12）が的確に指摘しているように、非営利セクターは、非営利という性格上、人材や資金その他のリソースの確保において、他者への依存

19　現在では、環境・食料・田園地域省（DEFRA）のプログラムとも連携して、田園地域の非営利セクターのサポートも視野に入れた取り組みを展開している。

あるいは協力なしには立ちゆかない。その意味で、非営利組織が政府セクターから資金提供を受けること自体は何ら問題ない。問題となるのは、そのプロセスの透明性や、非営利セクターの説明責任の確保、資金提供関係に左右されない成熟した関係性の構築、といったことをしっかりとやっていくというところである。少なくともコンパクトの文言は、そのような意識がしっかりと伝わる内容であり、今後地域においてローカル・コンパクトの活動が進められていく上でも、良い枠組みを提供しているのではないだろうか。

　以上、コンパクトの特徴と成果を見てきたが、一番の成果は、このような政府セクターと非営利セクターの理論的枠組みを両者の対話により策定し、その活動の機運を現在まで維持している、その歴史と経験ではないだろうか。他の政府のパートナーシップ型政策での経験もあるだろうが、セクター間の相互理解と尊重の意識の高まりは、英国調査を重ねるたびに感じることである。事実、最新のコンパクト年次報告書でも、コンパクトが次第に政府セクター非営利セクター双方に受け入れられ、先進事例では成熟な関係が形成されつつある現状が報告されている（Compact Voice and Office of the Third Sector, 2007）。

9　今後のさらなる展開に向けて

　ナショナル・コンパクトが策定されてからすでに10年が経過した。現在その実践は、コンパクト・ボイスと新しく設立されたコンパクト委員会に引き継がれ、コンパクト行動計画の策定など新たな局面を迎えている。コンパクトの今後の展開と課題についていくつか検討する。

コンパクトの気運（モメンタム）とコミットメントの維持

　英国の地方自治体は現在、国やEUから次々と設定される政策の対応に追われ、ひとつの政策にじっくりと取り組むということが難しくなっている（Craig, et al., 2002; Taylor, 2003）。特に、セクター間の新たな関係性を作り出すことを主眼としたコンパクトのような政策は、ただ文書を作るだけではその

意義を十分に浸透させることは出来ないため、このような現状は実践に向けた大きな障害となりうる。しかも、コンパクトには特定の財源がないため、特にその実践へのコミットメントを確保するのは今後の課題であろう。事実、筆者が訪問したいくつかの自治体(パートナーシップ型政策で先進地といわれる自治体)では、ローカル・コンパクトの一定の意義を認めつつもすでに過去の政策として考えているところがあった。

パートナーシップ型政策では、その成果をはかる言葉としてアウトプット(output：直接的結果)ではなく、アウトカム（outcome：その結果から生まれてくる様々な成果・効果）が大切であるといわれる。コンパクトの文書がアウトプットだとすれば、それにより新たに構築される関係性やネットワークがまさにコンパクトのアウトカムであるわけで、これをいかに生み出していくかが重要である。最近では、後述するような国レベルでの情宣活動の活発化や、LSPの出現による既存のローカル・コンパクトの再検討の動きなど新たな展開が見られるが、いずれにしてもナショナル・コンパクトの策定から10年たった現在、政府セクターのコンパクトへのコミットメントが改めて問われているのは間違いない[20]。

情宣活動と主体の参画

コンパクトがいかに優れた文書になっていようと、すべての利害関係者に共有され利用されなければ意味を成さない。それどころか、一部の主体の参加によって、結果的にさらに社会的排除を生み出すようなコーポラティズム的な懸念もある（Craig, et al., 2002)。コンパクトの策定には国、地域双方のレベルで非営利セクターの広い参画が必要とされ実践されているが、当然のこ

---

[20] 政府セクターと非営利セクターの関係が良好でパートナーシップ型政策を以前から進めて来たレスター（Leicester）市のようなエリアでは、「すでに良好な関係が構築されていてパートナーシップも上手く機能しているため、コンパクトの必要性を感じなかった（市職員）」、というように、最近まで策定の動きがなかったところもある。

となうが、すべての非営利組織や政府組織が関与しているわけではない。事実、パートナーシップ型政策の先進地域のひとつといわれるリーズ（Leeds）市の、ある非営利組織のスタッフに話を聞いても、ローカル・コンパクトについてほとんど知らないということがあった。コンパクトとは、他者との関係性を見直し、組織や個人のありかたの再構成を喚起するものである。それは社会システムへ新たな方向性を示すものであり、一部の部署や担当した団体のみが参照するようなものでは、その効果はきわめて限定的になってしまう。コンパクトのプロセスにこれまで関わってこなかった地域の末端組織や政府関係組織にコンパクトの存在を知らしめ、いかにそのプロセスに組み込んでいくのかは、理念を普及させ活動を実践していく上で非常に重要なポイントとなろう。これは、コンパクトについて論述している多くの研究者、実務家たちが共通して提示している課題である（Craig, *et al.*, 2002; Plowden, 2003; Taylor, 2003; JRF, 1999）。

このようなコンパクトの理念を広めるにあたって、政府セクターではこのところ省庁再編の動きの中で期待できる動きがいくつか見られる。これまで主に非営利セクター関連の業務を担当していた副首相府が、2006年5月にコミュニティ・地方政府省として、より地域社会やコミュニティの問題に焦点をあてた省に生まれ変わったほか、同時期にそれまでコンパクト関連の業務を担当していた内務省のアクティブ・コミュニティ局（Active Communities Directorate）と、通商産業省の一部局であった社会的企業ユニット（Social Enterprise Unit）の業務を合わせて、新たにサード・セクター・オフィス（Office of the Third Sector）を内閣府の中に立ち上げ、若手の気鋭政治家エド・ミリバンドをサード・セクター担当大臣（Minister of the Third Sector）に起用した。以前のアクティブ・コミュニティ局は、内務省の単なる一部局に過ぎず実質的な力がなかったため、政府セクター内でのコンパクトの普及活動への懸念があったが（Plowden, 2003）、今回の非営利セクターをより重視した動きは、パートナーシップ型の政治理念の浸透に期待を抱かせるものである。事実、2007年のコンパクト年次大会では、内閣府の代表であるミリバンド氏をはじめ、

教育・技能省、保健省、コミュニティ・地方政府省、環境・食料・田園地域省など数々の省庁から大臣および職員が多数参加しており、コンパクトに対する意識の高さが伺えるものであった(Compact Voice and Office of the Third Sector, 2007)。

このような政府セクターの動きに対して、非営利セクター側もコンパクトの普及に向けて、さらに仕組みを整える必要がある。これまで、コンパクトのプロセスを非営利セクターの代表としてリードしてきたNCVOは、英国最大の非営利組織の中間支援団体だが、それでもその会員数は、全国で20万以上のチャリティがあるといわれる中の、5000程度に過ぎない。更なる活動の展開には、国、地域などあらゆるレベルでの非営利組織への情宣活動と理念の普及が必要である。コンパクトの重要な理念のひとつは、「社会的包摂 (Social Inclusion)」であり、まさにそのような末端の声を取り入れて政策に反映させることにあるので、中間支援団体の更なる育成やより広範な参加のシステムなどを、今後しっかりと確立していく必要があろう。

今後、特に地域においてコンパクトを策定、実践していくにあたり、地方議会議員の参画は重要なポイントになる。現在英国政府が進めているパートナーシップ型政策は、非営利セクターが公共サービスの提供だけでなくその開発における意思決定にも参画をするような、より成熟したパートナーシップ型社会を念頭にしている。その意味で、コンパクトの理念やLSPといった実際の動きは、既存の代表制民主主義のシステムにおいて地域の意思決定を担ってきた政治家に、「権力の共有」という新たなテーマを提示している。この新たな枠組みの中で、根本的な意識改革も含めて、どのように利害関係者との関係性を築いていくのか検討することは大変重要である。

実践の促進

これまで何度も述べているように、コンパクトはあくまでセクター間の関係性の理念的枠組みであり、例えば地域の具体的な課題を取り上げ、その解決のための政策方策を提示しているわけではない。したがって、地域で進め

られている政策の策定及び実践において、その理論的枠組みとしてコンパクトが採用されるようになって初めて、本当の意味でのコンパクトの成果が普及していくことになろう。

この意味で今後の展開で興味深いのが、上述したLAAとLSPとの関係である。LAAは基本的には中央政府と地方政府の資金を伴う具体的・定量的な目標設定および合意であるが、地域での目標設定などの議論においては、LSPが重要な役割を果たすことが定められている。LAAで扱われる内容は、犯罪、保健、教育、住宅、自然環境など、地域運営の主要なテーマを網羅しており、それらの計画に関する議論においてLSPが積極的な役割を担うこの政策は、地域のパートナーシップ型ガバナンスの新たな展開を予想させるものである。このような新しいシステムの中で、政府セクターと非営利セクターとの成熟した関係構築は不可欠であり、ローカル・コンパクトによる理念的枠組みの策定とその後の活動を議論することは、今後一層重要になると思われる[21]。前述したように、LSPの関係性を規定するコンパクトが策定されている他、LSP内部に限らず、地域のコンパクトをLSPが主導になって策定している例が増えている（MORI, 2005）[22]。

モニタリングの必要性

前述のとおり、コンパクトの推進のためにさまざまなしくみが整備されているが、現在のところ、コンパクトの内容が実践されているかどうか判断できるツールや（コンパクト自身に具体的なターゲットが少ないので、判断しにくい）、実践されていない場合の罰則などは特に設けられていない。これをふま

---

[21] 最近では議論が進んでいるコンパクトとLSPとのリンクであるが、LSPの政策が発表された当初は、国レベルでの担当部局が違うということもあり（コンパクトは内務省、LSPは副首相府）、両者の戦略的リンクはあまり考えられていなかった。筆者が2005年に行った副首相府のLSP担当職員へのヒアリングでも、コンパクトとの関係性について戦略的なビジョンは聞かれなかった。これは、行政の縦割り型の弊害が英国でも見られることを示している。
[22] 第4章で紹介しているバーミンガム市でも、LSPがコンパクトのプロセスを主導している。

えて、判断ツールのひとつとして「コンパクト・プラス・カイトマーク (Compact Plus Kitemark)」という、コンパクトで設定された責任の履行により取得できる一種のスタンダードのようなものも提案されている (Home Office, 2005)[23]。さらには、責任を履行しない組織への罰則規定を設定するべきだという主張もある。ただ、罰則規定を作る以上、全国統一の指標が必要となるが、そのような指標の策定には、地域のニーズや社会背景などを反映した独特の取り組みを阻害しないように、特に慎重に議論を進める必要があろう。

10 おわりに

　以上、英国におけるコンパクトの経験と今後の展開について検討した。そのコンセプトの登場から実践までの過程を辿って見ると、英国での非営利セクターの社会的位置付けの変化がよくわかる。英国は2大政党制を基本とするため、政権政党の考えによって公共政策が影響されやすい。戦後の福祉国家体制の構築、サッチャー政権の新自由主義政策、そしてブレア政権の「第3の道」政策などへの急転は、まさに英国政治の特色を端的に示している。この2大政党制のもとで、非営利セクターを含めた市民社会が選挙を通して政治や政策をコントロールするスタイルが確立している。しかし、政権交代が難しい日本では、こうした「市民－政治－公共政策」のつながりが見えにくく、それだけ非営利セクターの社会的役割も理解しにくいことになる。
　英国におけるコンパクトやLSPなどの政策には、地域ガバナンスをパートナーシップ型に変えようとする政府の強い意志が反映されている。そして、その実現にとって非営利セクターの力が不可欠と考えた政府によって、コンパクトの取り組みがはじまっている。こうした政府の姿勢に対しては、非営利セクターの独立性を奪うものとして、懐疑的な見方も一部には存在した。

---

[23] カイトマークに関する調査では、67%が賛成している一方で、すでに類似のスタンダードやモニタリングのシステムを持っている地域では必要ないという意見もあった (MORI, 2005)。

しかしそうした問題意識を常に持ちながらも、非営利セクターのコンパクトへの対応は総じて積極的だった。その背景には、コンパクトを政府と共に創造してきたという歴史的経験に加えて、政府が目指す社会像への共感があるからだろうし、また政府がレトリックだけでなく、非営利セクターを継続的に支援してきていることも、非営利セクターの積極性を引き出している要因だろう。

　日本でも地域レベルではすでに、協働指針や条例、提言という形で、地方自治体とNPOやその他の非営利組織との協働のあり方を明文化する動きが出始めている（山崎、2003）。また、行政職員やNPOが同じテーブルについて、NPOの社会的位置付けや地域における役割を根本的に見直し、対等な立場でパートナーシップを構築する試みもはじまっている（白石、2003）。例えば「あいち協働ルールブック2004」（愛知県、2004）では、協働の意義や県と非営利セクターの関係性を明確にし、業務委託方法とその際の基本スタンス、資金提供の方法などを定めている。さらに同じ愛知県の日進市では、地域の非営利組織と市が策定段階から話し合いを重ね、両者の関係性を「にっしん協働ルールブック（理念編）」としてまとめ、それを市長との調印式によって採択するなど、まさにコンパクトのような取り組みもみられている。

　ただ、日本における地域ガバナンスの先進事例の多くは、例えば日進市のように、改革派首長の強い意志とリーダーシップにより創造的な政策を急激に推し進めた結果であり、国の長期的戦略と結びついたものではない。英国と違い日本では首長の力が強大なため、在任中は改革が進むことが期待できるものの、ラディカルな短期的変革により首長のビジョンや意思が組織に十分伝わっていない場合、首長が変わると急に改革が後退するといったことが往々にしておこりうる。地域の長期的戦略として、現状の何を変革し、どのように具体的政策と連動させ、どのようなアウトカムを達成しようとしているのかの設定が必要であろうが、残念ながら現在の日本のパートナーシップの議論や地域における実践では、そのような包括的な視点はまだみられない。

　日英のコンパクトを比較した場合の決定的な違いは、コンパクトを必ず成

功させようとする政府の意気込みである。英国のコンパクトは政府が目指す国づくりビジョンの根幹をなすものであり、政府は地方自治体に対してコンパクト作成についての「圧力」をかけ、またできるだけの支援も提供している。政府の「圧力」があればこそ地方自治体が重い腰を上げ、非営利セクターへの姿勢を徐々に変えつつある。また、政府セクターにそのような新たな変革の兆しが見えるからこそ、非営利セクターもコンパクトで約束した価値観や原則に向けての努力を重ねている。

　コンパクトがなぜそれほど重要であり、また難しいかというと、Craig, et al. (2002) が指摘するように、ガバナンスにおけるパワー・バランスに影響するからである。単に双方が対等の関係を確認し合う儀式的なものならまだしも、それを原則として政策の内容や政策実践の方法を変えたり、公的資金の目的や使い方を修正するとなれば、多くの困難に直面することになる。これまでの地域運営で決定権限を握っていた議会や行政は、実質的な意味での権力の共有には強く抵抗する。また、非営利セクターにも、公共政策の新たな担い手としての自覚とそのためのキャパシティの増大への意識が求められるが、このような意識の変革には長い時間と経験が必要となる。これまで10年間の多くの努力にも関わらず、英国でコンパクトの原則が未だ公共政策の常識になり得ていない事実に、コンパクトの扱うテーマの難しさが端的に示されている。

　もちろん、日本のコンパクトが英国型と異なることは問題ないし、日本の状況の中で、政府と非営利セクターのパートナーシップ推進のために異なるモデルを開発することは可能である。ただ、英国の公共政策が、コンパクトの原則をもとに創造しようとしている社会像をきちんと理解しておくことは重要だろう。とくに日本では現在、「小さな政府」をキーワードに、政治・行政改革や財政赤字などとの関連で、非営利セクターの新たな社会的役割が議論されはじめている。今後の目指すべき社会の将来像によっては、日本でも政府セクターと非営利セクターとの戦略的な協力関係の必要性が理解されるようになるのかも知れない。もしそうなれば、英国でのコンパクトの経験は

多いに参考になるし、現在日本各地で試みられているコンパクト的な取り組みを実績として、政府のリーダーシップによる全国的なフレームワークづくりの可能性も生まれてこよう。

《参考文献》

愛知県 (2004)『あいち協働ルールブック2004～NPOと行政の協働促進に向けて～』、愛知県

今井良広 (2005)「第7章 イングランドにおけるローカル・コンパクトの展開：協働のプラットフォームとしての機能と役割」、吉田忠彦 (編)『地域とNPOのマネジメント』、pp.135-158、晃洋書房

後房雄 (2004)「なぜコンパクトに注目するのか － 日本のNPOセクターの転換点とイギリス・モデル」、後房雄 (編)『イギリスNPOセクターの契約文化への挑戦：コンパクトと行政－NPO関係の転換 (Sf21ブックレットNo.5)』、pp.3-15、特定非営利活動法人市民フォーラム21・NPOセンター

栗本裕見 (2003)「ルイシャムコンパクト：ロンドン、ルイシャム区での政府と民間非営利セクターとの協定」、(社) 大阪自治体問題研究所 (編)『地方財政危機と住民生活』、pp.107-127、文理閣

白石克孝〔監修〕(2003)『NPOと行政とのパートナーシップのためのしくみづくり－ローカル・コンパクトへの第一歩として－(淡海ネットワークセンターブックレット〔19〕：平成13年度福井・岐阜・三重・滋賀四県共同研究報告書)』、(財) 淡海文化振興財団

日進市 (2006)『にっしん協働ルールブック：市民活動団体と行政の協働指針 (理念編)』、日進市

松井真理子 (2004a)「自治体とNPOの新たな関係 －イギリスのコンパクトの経験から」『月刊自治研』Vol.46 (2004年4月号)、pp.64-70

松井真理子 (2004b)「コンパクト5年間の軌跡」、後房雄 (編)『イギリスNPOセクターの契約文化への挑戦：コンパクトと行政－NPO関係の転換 (Sf21ブックレットNo.5)』、pp.17-22、特定非営利活動法人市民フォーラム21・NPOセンター

山崎美貴子 (2003)「日本における新たなパートナーシップを目指して－英国のコンパクトから学ぶ」、リズ・バーンズ、山崎美貴子『イギリスのコンパクトから学ぶ協働のあり方－ボランティア・市民活動、NPOと行政の協働を目指して』、

東京ボランティア・市民活動センター

Barasi, P. (2006) *Local Compact Implementation Workbook: Winning the Deal*, London: NCVO

Cartwright, A.and Morris,D. (2001) Charities and the "New Deal": Compact relations?, *Journal of Social Welfare and Family Law*, 23(1), pp.65-78

Compact Voice (2007a) *Seventh Annual Review of the Compact on Relations between Government and the Voluntary and Community Sector (VCS): A Snapshot of the Compact*, Compact Voice

Compact Voice (2007b) *Sector Survey Result Paper*, Compact Voice

Compact Voice and Office of the Third Sector (2007) *Report to Parliament of the Seventh Annual Meeting to Review the Compact on Relations between Government and the Voluntary and Community Sector*, London: Compact Voice and Office of the Third Sector

Craig, G., Taylor, M., Bloor, K., Monro, S., Wilkinson, M., and Syed, A. (2002) *Contract or trust? The role of compacts in local governance*, Bristol: Policy Press and the Joseph Rowntree Foundation

Department of Communities and Local Government (2006) *Strong and prosperous communities: The Local Government White Paper*, Department of Communities and Local Government

Frumkin, P. (2003) The End of Public-Nonprofit Relations? A Comment on Plowden, *Nonprofit and Voluntary Sector Quarterly*, 32(3), pp.436-438

Her Majesty's (HM) Treasury (2002) *The Role of the Voluntary and Community Sector in Service Delivery: A Cross Cutting Review*, London: HM Treasury

Home Office (2005) *Strengthening Partnerships: Next Steps for Compact ― The Relationship between the Government and the Voluntary and Community Sector*, London: Home Office

Home Office and Compact Working Group (CWG) (1998) *Compact on Relations between Government and the Voluntary and Community Sector in England*, London: Home Office

Home Office and CWG (2000) *Consultation and Policy Appraisal: Compact Code of Good Practice*, London: Home Office

Home Office and CWG (2001a) *Black and Minority Ethnic Voluntary and Community Organisations: Compact Code of Good Practice*, London: Home Office

Home Office and CWG (2001b) *Community Groups: Compact Code of Good Practice*, London: Home Office

Home Office and CWG (2005a) *Funding and Procurement: Compact Code of Good Practice*,

London: Home Office

Home Office and CWG (2005b) *Volunteering: Compact Code of Good Practice*, London: Home Office

Home Office and CWG (2006) *Report to Parliament of the Sixth Annual Meeting: to review the Compact on Relations between Government and the Voluntary and Community Sector*, London: Home Office

Joseph Rowntree Foundation (JRF) (1999) *Developing "local compacts" between local government and the voluntary sector*, JRF website on 6 April 2006

Market & Opinion Research International (MORI) (2005) *Strengthening Partnerships — Consultation on Compact Plus: Analysis of Findings (Research Study Conducted for the Home Office Active Community Unit)*, MORI

Morison, J. (2000) The Government-Voluntary Sector Compacts: Governance, Governmentality, and Civil Society, Journal of Law and Society, 27(1), pp.98-132

National Council for Voluntary Organisations (NCVO) (2000) *Local Compact Guidelines: Getting local relationships right together*, NCVO

NCVO and Centre for Civil Society (2001) *Next steps in voluntary action: An analysis of five years of developments in the voluntary sector in England, Northern Ireland, Scotland and Wales*, London: NCVO

Office of the Deputy Prime Minister(ODPM)(2006)*Local Area Agreements:Guidance for Raund 3 and Refresh of Raunds 1 and 2*,ODPM

Osborne, S. P. and McLaughlin, K. (2002) Trends and Issues in the Implementation of Local "Voluntary Sector Compacts" in England, *Public Money & Management*, 22(1), pp.55-64

Osborne, S. P. and McLaughlin, K. (2004) The Cross-Cutting Review of the Voluntary Sector: Where Next for Local Government — Voluntary Sector Relationships?, *Regional Studies*, 38(5), pp.573-582

Plowden, W. (2003) The Compact-Attempts to Regulate Relationships Between Government and the Voluntary Sector in England, *Nonprofit and Voluntary Sector Quarterly*, 32(3), pp.415-432

Ross, K. and Osborne, S. P. (2000) Making a reality of community governance: Structuring government — voluntary sector relationships at the local level, 市民参加型福祉日英交流プログラム（2000）『英国のVNPOと行政のパートナーシップ：1999年訪問調査報告書』

Salamon, L. M. and Anheier, H. K. (1994) *The Emerging Sector*, Maryland: The Johns Hopkins University

Taylor, M. and Kendall, J. (1996) History of the Voluntary Sector, In Kendall, J. and Knapp,

M. (1996) *The voluntary sector in the United Kingdom*, Manchester University Press: Manchester

Taylor, M. (2003) Commentary, *Nonprofit and Voluntary Sector Quarterly*, 32(3), pp.432-436

第2章　レディングのローカル・コンパクトについて

白石　克孝

1　レディングの概要

　レディング (Reading) は、イングランド南東部、ロンドンのほぼ西約60km、オックスフォードの南方50キロに位置する。レディングからロンドン中心部（パディントン駅）までは、鉄道で急行列車を利用すれば30分とかからない。また、東西に走る高速道路により、ロンドンの中心部はもとより、ヒースロー空港、ガトウィック空港、さらにはイングランド南西部へも容易にアクセスできる。

　人口は約14万3千人で、内約10％をエスニック・マイノリティが占めている。面積は約40平方kmである。レディングでケネット川がテムズ川に合流し、緑豊かなエリア一帯はテムズ川渓谷地域と呼ばれている。近くには観光

レディングの中心市街地

名所の1つ ウィンザー城 があり、毎年8月にロックミュージックの祭典 レディング・フェスティバルが行われる都市としても有名である。

　かつてレディングはロンドンからの地の利を活かして、地元で3Bと呼ばれるビール、バルブ、ビスケットの生産で繁栄した。現在ではコンピューターをはじめとする様々な製造業の会社の拠点が多数存在するなど、立地を活かした産業都市としての顔を今なお持ち続けている。

　レディングでは2000年に中心市街地の再開発プロジェクトが完成した。北はテムズ川、南はケネット川に囲まれる地域の総合的な再開発計画で、中心部には快適な歩行者専用舗道（モール）が整備され、低床バスによるパークアンドライド整備、親水性もある外に開かれた設計など、現代的な中心市街地再生の発想に立っている。タウンホール等の重要な文化財産を保護しつつ、同時に新規施設としてオラクルと呼ばれる映画館や小売店、駐車場が入る施設が建設された。レディングの中心市街地にこうして大きな商業・文化地区が生まれ、レディングは周辺地域の中心都市としての都市格をそなえる街となっている。

2　レディングの地方行政制度

　英国の地方制度は複雑に変化しており、レディングもまた例外ではない。バークシャー県（Berkshire County）は古くからの県であるが、その後境界線を変更して、6つの地区（District）からなる県となっていた。バークシャー県はバークシャー県カウンシル（Berkshire County Council）をもつ自治体であり、県と地区による2層制の地方制度をとっていた。そしてレディングはバークシャー県に属する6つの地区カウンシル（District Council）の中でも中心的な自治体であった。

　ここで県と訳しているカウンティは、行政カウンティと呼ばれるもので、1974年の地方行政法によって、都市カウンティと非都市カウンティと2つに分けられた。この制度改正によって、イングランドはすべて2層制の地方制

度に置き換えられた。バークシャー県はこの非都市カウンティに属していた。なお英国のカウンシルは直訳すれば議会とか評議会とかなるが、実体的には議会と地方行政府の両方を含んだ意味として用いられている。その後、非都市カウンティでは、1990年代に単一自治体（Unitary Authority）が創設されて（かつてのカウンティ・バラ［County Borough］の事実上の再現）、数次にわたる地方制度の再編が行われた。

　そうした再編の過程で、1998年4月からバークシャー県のカウンシル（County Council）が廃止され、バークシャー県は自治体としての機能を失うことになった。6つの地区は単一自治体として、それぞれが郡カウンシル（Borough Council）を持ち、1層制の地方制度となった。

　現在のイングランドは複雑な地方自治制度となっている。これは国からのトップ・ダウン型の改革に抵抗したためでもある。非都市カウンティでは、県議会と地区役所の両方を有する「シャイア・カウンティ」と呼ばれる地域と、県レベルの単一自治体によって1層制になっている「ユニタリー・オーソリティ」地域とが存在している。その中でバークシャー県だけは唯一の例外として、県レベルのカウンティが廃止され、かわりに6つの地区役所がそれぞれ単一自治体となっている（ただしバークシャー県カウンシルは法的な廃止ではなく実質的な廃止である）。

　こうして1998年4月よりレディングは、かつての県と同等の権限を与えられた、事実上の1層制の単一自治体であるレディング郡カウンシル（Reading Borough Council）によって、その地方行政が担われることになった。したがって現在のレディングの呼称はレディング郡（Reading Borough）と訳すべきなのであろうが、上記のようにレディングの地方制度上の位置は特殊であり、郡としてしまうと基礎自治体としての役割を持っていることが見失われるおそれがある。そこで本稿では、呼称はすべてレディングとすることにした。またレディング・コンパクトに関するヒアリングは、2001年8月に三重市民活動ボランティアセンターにて、同年9月に英国現地にて実施したものである。

3　レディング・コンパクト―最初期の事例として

　ナショナル・コンパクト締結の議論がなされている段階から、ボランタリー組織にとって地方自治体との関係がもっとも重要だとの声があがっていた。政府はローカル・コンパクトを支援するために、地方自治体や地域のボランタリー組織の参加によって、2000年に『ローカル・コンパクト・ガイドライン』（Local Government Association, Local Compact Guidelines）を作成した。ここではパートナーシップをいかにして対等にするのかに意を用いている。しかしまだ強力な政府のリーダーシップが存在しているという訳ではなかった。2001年の段階では、イングランドでおよそ10％の地方自治体がローカル・コンパクトを策定していたという。

　2001年3月に英国政府は『地域戦略パートナーシップ―政府によるガイダンス』を発表して、地域戦略パートナーシップ（Local Strategic Partnership：LSP）を地方政府に提起した。また2005年からは、地方自治体に対する包括的業績評価制度（Comprehensive Performance Assessment：CPA）の評価指標としてローカル・コンパクトが加えられている。この2001年から2005年の間に、イングランドにおいてローカル・コンパクトの締結率は急速に増加するのである。

　レディングのローカル・コンパクトの最大の特徴は、こうした政府の積極的なイニシアティブが発揮される前の段階で締結されたことにある。地域のボランタリー組織の2つのネットワーク組織であるレディング・ボランタリー・セクター・フォーラム（RVSF）とレディング・ボランタリー・アクション（RVA）とが協力してレディング郡に働きかけて、ローカル・コンパクトの策定へと動き出したのは、ナショナル・コンパクトが締結されて間もない1998年12月のことであり、最初の会合が開かれたのが翌1999年1月のことであった。

4　コンパクトの策定過程

　早速、草案作成の作業部会が編成され、ボランタリー＆コミュニティ・セクターの代表としてRVSFとRVAから4名の起草委員、そして3名の郡カウンシル職員（コミュニティ・アクション部局の部長、ボランタリー組織支援部局の担当者、社会サービス政策部局の担当者）、2名の郡カウンシル議員（郡のコミュニティ・アクション部局の議長と副議長）がその任についた。
　コンパクトの締結に向けた合意形成は一般に長引く傾向がある。レディングにおいても、当初予定では1年の議論を予定していたが、実際に合意に達するのに18ヶ月におよぶ議論が必要であった。レディングでは草案を作成する段階が相互理解と目標共有のうえで最も大切であると考えられていた。とりわけ議員の参加は重要な意味を持っていた。作業部会では、最もよい表記の仕方についての議論はもちろんであるが、議員のメンバーからは政治的に受け入れられるのか受け入れられないのかという視点からの議論もなされている。ボランタリー＆コミュニティ・セクターの側も、郡カウンシルの側も、両者ともに満足のゆく結果を出せたと述べていた。
　様々な立場の人からの意見集約にも力を注いでいた。「ビジョンを探るエクササイズ」と題した丸一日かけたワークショップはその一例である。郡カウンティ側から上級職員や議員が15名、ボランタリー＆コミュニティ・セクター側からは教育・雇用訓練、地域コミュニティ、同性愛者、宗教などに関わる組織のスタッフ、役員あるいはボランティアが15名、それぞれがプレゼンをして、第3者的な立場に立つファシリテータによる進行のもとに議論を重ね、何をすべきかについてのコンセンサスを形成していった。
　またボランタリー＆コミュニティ・セクターに関係する様々な人々や組織との話し合いの機会やパブリック・ミーティングも数多く持たれた。とりわけ、発言する機会が少ないと思われるようなグループや組織、例えば黒人およびエスニック・マイノリティのグループ、住民会や母子家庭の会といった

小規模なコミュニティ・グループに積極的に働きかけがなされた。こうして接触を持ったグループや人々からは、手紙やファックス、電子メールあるいは電話なども使って、緊密なコミュニケーションがとられた。

　こうした話し合いの結果、80にのぼる意見がこれらのグループや組織から寄せられた。提出した組織はレディングのボランタリー＆コミュニティ組織の約20％にあたる数であるという（ちなみに2007年段階での組織の推計数は1000）。明確な反対は１件だけで、原案に賛成するものがほぼ半数、原案に対する提案を含むものが40件寄せられた。作業部会はこれらひとつひとつの提案について議論し、ほとんどすべての提案を受け入れたが、受け入れられなかった提案についてはその理由を添えて提案した組織に返答をした。

　こうした原案策定過程を経て、レディング・コンパクトは2000年５月に締結された。締結のためのカンファレンスには、内務省（当時ナショナル・コンパクトを所管）、地方政府協会（Local Government Association）、ボランタリー・サービス評議会の全国協議会（National Association of Councils for Voluntary Service）からゲストスピーカーを招き、100名を超える参加者があった。

5　コンパクトの内容

　レディング・コンパクトは、ボランタリー＆コミュニティ組織側からのアプローチで策定過程がはじまったことを反映して、本書に紹介されている他の２都市とコンパクト文書の構成がずいぶんと異なっている。レディング・コンパクトにおいては、地方政府がボランタリー＆コミュニティ・セクターに属する諸組織に対して何をするべきなのか、それはどのような原則にたったものなのかという確認が中心になっている。

　章の見出しで拾うと、最初が「１．背景」で始まり、そしてすぐ次に「２．ボランタリー＆コミュニティ・セクターへの財政補助における地方政府の役割」へと続いている。こうした財政補助に対する叙述は一般的なものではなく、地方政府財政のボランタリー＆コミュニティ組織への財政支出方法とし

て「コア・ファンディング助成金（Core Funding Grants）」「コミュニティ助成金(Community Grants)」が明示され、また地方政府にボランタリー＆コミュニティ組織が従属することのない様にする原理原則を確認しているところがユニークである。

「３．財政積立」では、安定した継続的な組織運営ができるようになるために、ボランタリー＆コミュニティ組織が財政的な蓄えに関する政策（policy on reserves）を持つようにもとめている。

その後に、「４．モニタリングと評価」「５．協議」「６．今後」「７．用語解説」と続き、最後に原案文章を作成した人々の名前と所属組織の掲載で締めくくられている。いわゆる理念や目標といったものは、それぞれの文章の端々に顔を出しているが、それらがまとまって示されているのは「７．用語解説」の中においてである。そこで確認できるのは、とりわけ政治的な発言力の弱い人々やグループに対して、いかに地方政府と既存のボランタリー＆コミュニティ組織が支援していくかが、地域の発展にとって欠かせないという認識である。

レディングにおいて、ボランタリー組織側の代表者の１人であったイアン・サクストン氏は、筆者のインタビューに対し、「ナショナル・コンパクトの議論がなされたときは、ボランタリー組織は政策を安上がりにするために使うといった捉え方がまだあったと思う。私たちはミッションをもっていることが特徴なのであって、今回のローカル・コンパクトではそこが重視されたことが大きな変化だと思う。」と、いった主旨の話をしていた。

レディング・コンパクトの表紙

6　運営上の特徴

レディング・コンパクトの特徴のひとつは、宣言型の文書にならないように制度的な工夫をしていることであった。コンパクトが実効あるのものとな

り、必要に従って発展させていくために、コンパクト運営委員会を結成した。コンパクト運営委員会は、年4回の定例会議を持ち、新たな到達を生み出すための年次報告書を、年1回の「ボランタリー・セクター・フォーラム」の年次総会と郡カウンシルに提出することになっている。

　コンパクト運営委員会は20名の構成員からなっている。20名の内10名はボランタリー＆コミュニティ・セクター側から選ばれている。内訳は、RVSFの議長、RVAのマネージャーに加えて、エスニック・マイノリティの諸組織の代表として2名が、地域コミュニティ諸組織の代表として2名が、そしてそのほかのボランタリー＆コミュニティ諸組織から4名の代表がそれぞれ選挙で選ばれている。残りの10名は郡カウンシル側から選ばれている。内訳は、5名の郡議員（議会の議席を考慮して、労働党4名、保守党1名、自民党1名）と5名の郡職員である。

　筆者の手元にある2000-2001年期の第1回年次報告書はA5判で11頁のものであり、文字どおりの活動報告である。この1年間の取り組みの中で、ボランタリー＆コミュニティ組織に対する助成金の申請と交付の仕組みが単純化され、またその助成金も1年間ではなく3年間を単位として運用することもできるように変更され、ボランタリー＆コミュニティ組織の要望が実現している。また活動場所の確保についても具体的な要望を確認している。

　これまでも存在してきた助成金は「コア・ファンディング助成金」と名称を統一され、レディングのボランタリー・セクター・サポート局の資料によれば、2000-2001年期の1年間で総額206万5488ポンドの助成金が、組織運営の基本的経費として交付されている。156組織の申請が通り、21組織の申請が通らなかった。これとは別に「コミュニティ助成金」と呼ばれる組織の立ち上げ時のサポートに使われる助成金が総額2万7662ポンド交付されている。たとえばコミュニティ助成金の申請書類はわずかA4判4頁であり、経験の浅い人でも申請が可能な内容となっている。

　こうした助成金の出し方に批判はないかという質問に対しては、これらの組織がレディングの外部から獲得してくる資金は倍の約400万ポンドにの

ぼっており、トータルとして見合ったものになっていることを示しながら、コンパクトに盛り込まれたようなこれからの地方政府運営におけるボランタリー＆コミュニティ組織の重要性について説明するとのことであった。また同時に、これらの助成金のモニタリングと評価を取り入れることもコンパクト運営委員会の第1回年次報告書で提起されている。

7　その後の展開

　レディング・コンパクトのその後の展開については、独自のホームページなどがないために、レディングのボランタリー・セクター・サポート局の年次報告書、RVAのホームページに依拠して簡単にフォローしたい。
　その後、レディング・コンパクトに行政系の機関として、初期医療トラスト（Primary Care Trust）、さらにNHS（国民医療サービス）にかかわる3つのNHSトラスト（診療、保健、救急）が加わっている。これらとカウンシルのコンパクトをヘルス・コンパクトと呼んで別にコンパクトを結ぶ場合もあるが、レディングではコンパクトの拡張として扱っている。
　すでにレディング・コンパクトの作成時点で、地域戦略パートナーシップ（LSP）の枠組みにボランタリー＆コミュニティ・セクターとして積極的に関わっていくことが示されていた。実際に地域戦略パートナーシップ「レディング2020」による地域戦略策定・実施の取り組みの中で、レディングのボランタリー＆コミュニティ・セクターは全体の代表を2名送り出し、また7つのサブ・パートナーシップ全てに関与し、そのセクターとしての役割を果たしている。
　すでに述べたように、レディング・コンパクトの特徴は、ボランタリー＆コミュニティ組織に対する助成金を明示していることにあった[1]。レディングのボランタリー・セクター・サポート局の最新の2006-2007年期の年次報告書では、コア・ファンディング助成金とコミュニティ助成金を合わせて、251万8854ポンドがこの年度に支払われており、増額の傾向にあることがわか

る。コア・ファンディング助成金には109のグループが応募しているが、その内の100グループは前年にも助成金を得ているグループであり、新たに4グループが助成金を獲得している。コミュニティ助成金に関しては67の応募があり、うち65が助成金を獲得している。

　レディング・コンパクトそのものの活発な広報やコンパクト文書の改訂という点では、レディング・コンパクトは必ずしも当初に予定していたようには進んでいないが、ボランタリー＆コミュニティ・セクターとカウンシルとのパートナーシップを「安上がりの政策」の実現手段にはさせないという当初の思いは十分に実現している。

1　NAVCA（National Association for Voluntary and Community Action）が発行したレポート Sally Cooke, *Why grants are important for a healthy local VCS; A study of four local authorities' policies*, NAVCA, 2007において、イングランドにおける地方政府によるボランタリー＆コミュニティ・セクターへの助成金制度の優良事例4つのうちの1つとしてレディングの制度が紹介されている。そこではボランタリー＆コミュニティ・セクター側の関与として、レディング・コンパクトや地域戦略パートナーシップについても簡単に触れられている。

第3章　リーズ市における
　　　　ローカル・コンパクトについて

辻本　乃理子・的場　信敬

1　リーズ市の概要

　リーズ市はイングランド北部に位置するウエスト・ヨークシャー県の中心都市で、19世紀に毛織物産業で大きく発展した。人口は2001年の統計で71万5404人にのぼり、英国の8大都市のひとつに数えられる。街の中心部には、古い商店と新しく開発されたショッピング・エリアが混在する個性的なショッピング・アーケードがあり、市民はもちろん歴史的建造物や水路の交わる美しい街並みを訪れる観光客で賑わっている。1950年代以降、スラム地区の再開発を進めて「環境都市」への変革を目指しているが、近隣地域再生資金（Neighbourhood Renewal Fund）[1]の受給都市であり、EUの構造基金に

新旧の建造物が混在するリーズ市中心部

おいて「オブジェクティブ2（Objective 2：構造的困難に直面する地域の経済的・社会的転換を支援）」のエリアにも指定されるなど、その地域再生事業はいまだ道半ばである。

2　ローカル・コンパクトの策定プロセス

　各自治体のローカル・コンパクトの名称は、自治体ごとに異なる。リーズ市のローカル・コンパクトは『Compact for Leeds（以後、リーズ市コンパクト）』

表3-1　コンパクト・ワーキング・グループ（CWG）の構成メンバー

- リーズ市役所
    コミュニティ計画・再生部・レジャーサービス部、社会サービス部
- リーズ・イニシアティブ（Leeds Initiative：リーズ市の地域戦略パートナーシップ）
- リーズ・ボイス
- スカーマン・トラスト（The Scarman trust：コミュニティ再生に取り組む全国規模のチャリティ）
- リーズ教会協会（Leeds Church Institute）
- ファウンデーション・ハウジング（Foundation housing：社会的弱者への住宅供給などを目的としたチャリティ）

1　イングランドにおいて、経済的・社会的にもっとも荒廃状況が著しいと判断された地域を内包する88地方自治体に対し、集中的な財政支援を行なうことを通じて、貧困の改善や犯罪の現象を目指すとともに、医療・教育分野等における不平等の是正を図ろうとする取り組みで2001年から導入された。対象地域は、各統計指標をもとに選定される。
2　リーズ・ボイスは1999年に設立された。その前身は「リーズ市ボランタリー・サービス評議会（Council for Voluntary Service in Leeds）」である。ボランタリー・サービス評議会（CVS）は全国にあり、地域で非営利セクターへの情報の提供などを行なっている。リーズ市では地域の団体がCVSの活動に満足できず、新たな組織としてリーズ・ボイスが設立された。リーズ・ボイスは地域に存在する非営利セクターの声を集約し、戦略的な意思決定を行なうことを活動目的としている。

と名づけられており、2003年9月に締結された。

　リーズ市コンパクトの策定プロセスは、市内の非営利組織の連合組織であるリーズ・ボイス(Leeds Voice)[2]が2000年9月に非営利組織を対象としたコンサルテーション・イベントを開催したことからはじまる。このイベントでその後の方針が合意されると共に、コンパクト策定に向けて「コンパクト・ワーキング・グループ（Compact Working Group：以後、CWG）」が設立された（表3-1）。また、リーズ市役所には、新たに「部局間ワーキング・グループ（The Inter-Departmental Working Group）」が設置され、部局の壁を越えたコミットメントを確保する体制が整えられた（Leeds Initiatives, 2002, p.3）。

　CWGによる策定のプロジェクトは2001年より開始され、完成までに約18ヶ月の期間が費やされた（表3-2）。コンパクトの策定プロセスでは、リーズ市の地域戦略パートナーシップ(Local Strategic Partnership)であるリーズ・

表3-2　コンパクトの策定プロセス

ステージ1　アプローチのテスト
・リーズ・ボイスがコンパクトのドラフトを非営利セクターに配布。市役所職員や市議会議員には、リーズ市役所を通して配布。
・CWGは寄せられたコメントを検討し、ドラフトを修正。

ステージ2　コンパクトの再検討
・リーズ・イニシアティブの会合や地域のパートナーシップ組織で、ドラフトの修正版を再検討。
・リーズ・ボイスが、非営利セクター向けのコンサルテーション・イベントを開催。2000を超える非営利組織に配付されるリーズ・ボイスのニュースレターの誌上でも、ドラフト修正版を紹介し意見を募る。

ステージ3　完成
・CWGが寄せられたコメントを再検討し最終版を作成。
・最終版は、リーズ・イニシアティブのパートナーによって承認。

（Lees Initiatives, 2002, p.3）

イニシアティブ(Leeds Initiatives)が主導的役割を果たした。コンサルテーション・イベントを開催したリーズ・ボイスも、リーズ・イニシアティブに非営利セクターの代表として参加している。

　こうして策定されたリーズ市コンパクトは、リーズ市議会、初期医療トラスト（Primary Care Trust）、宗教・信仰グループ、リーズ・ボイス、ウエスト・ヨークシャー県カウンシルの5者により署名された。

3　リーズ市コンパクトの内容

　リーズ市コンパクトは、「1．イントロダクション」、「2．コンパクト策定にあたって」、「3．原則と目標」、「4．コンパクト・ワーキング・グループ」の4章構成となっている。リーズ市コンパクトは冊子版以外にもWebサイトで公表されており、誰でもコンパクトの内容を閲覧できるように工夫されている[3]。

　「1．イントロダクション」では、コンパクトとは何であるのか、なぜコンパクトの策定が必要なのかを説明すると共に、リーズ市のコミュニティ戦略で設定された目標の達成のために、コンパクトが活用されると記されている。

リーズ市コンパクトの表紙

　「2．コンパクト策定にあたって」では、CWGのメンバー選定やコンパクトのフォーマット、主たる目的などについて、策定時に検討されたポイントを箇条書きで説明している。リーズ市コンパクトの特徴がもっとも表れてい

---

[3]　リーズ・イニシアティブのウェブサイト
　　（http://www.leedsinitiative.org/default.asp?initiativeIdentifier=200658_181041897）から、コンパクト全文をダウンロードできる（アクセス日：2008年2月7日）。

る「3．原則と目標」では、以下の4つの原則が掲げられている：
①　公平で対等なパートナーシップの促進
②　地域のリソースの効果的利用の促進
③　地域における主体間のコミュニケーション、コンサルテーション、情報交換の質の向上
④　ボランタリー、コミュニティ活動の地域における役割・意義の認識

　これらの4つの原則に対して、それぞれ実践的な取り組みを「活動目標」として、抽象的なものからより具体的なものへと3つの段階に分けて設定している。また、この活動目標で扱われている内容は、草の根レベルでの活動を視野に入れており、より多くの人々の参加を促している。ただ、スローガン的な活動も多く、数値目標は設定されていない。これらの取り組みの説明には、誰にでも理解できるように容易な文章・語句を使用しており、またイラストを交えるなどの工夫もなされている[4]。

　コンパクトの策定後も実践活動を進めていくために、国レベルでも策定された「優れた実践のための行動規範（Codes of Good practices）」の設定をリーズ市でも進めている。4つの原則に合わせて策定されており、すでに3つが策定済みである。

4　リーズ市コンパクトの実践

　リーズ市コンパクトの実践は、コンパクト実践グループ（Compact Implementation Group：以後、CIG）によって進められている。これはコンパクトの策定組織とは独立した組織であり、リーズ・イニシアティブや非営利セクターの代表（リーズ・ボイス）、リーズ市役所などがメンバーとして参加しており、

---

[4]　リーズ市コンパクトは、コンパクトの普及を目的とした全国組織「コンパクト委員会（Commission for the Compact）」が主催する年次総会（2004年）において、そのデザインが優秀と認められ表彰されている。

リーズ・ボイスのディレクターがCIGの議長を務めている。そして、非営利セクター中心のワーキング・グループが開催したコンパクトの実践を促すイベント「コンパクトのはじまり（Compact Launch）」の場で（200名以上が参加）、CIGはコンパクト実践においてリーダーシップを執ることが承認された。このグループには、特別な予算は計上されておらず、資金や人材などのリソースは、参加メンバーがそれぞれ負担している。

5　パートナーシップ型プロセスが可能になった要因

リーズ市コンパクトの完成に際し、自治体と地域に存在する多くの非営利セクターの参加を可能にしたのにはいくつか要因がある。

1）ローカル・アジェンダ21で先進的な取り組みを経験していたこと。また環境や地域再生への取り組みが早くから行われていたこと。

今回主導的な役割を果たしたリーズ・イニシアティブ（リーズ市のLSP）は、政府によるLSPの取り組みがはじまる以前の1990年に設立されており、リーズ市は早くから地域内のネットワーク作りが盛んであった。

リーズ市はローカル・アジェンダ21（LA21）で先進的な取り組みを行っていたことで知られている。LA21のプロセスは、地域の持続可能な発展に向けた実施計画を地方自治体とその他のセクター間のパートナーシップによって策定することに最大の特徴があり、リーズ市でもパートナーシップ型で進められたが、この時のパートナーシップ構築とそこでの議論の経験が、コンパクト策定プロセスにおいても十分に活かされたようである。

また、リーズ市ではコンパクトに先駆けて、リーズ・イニシアティブの主導により、コミュニティ戦略『Vision for Leeds 1999-2009』が1999年に策定されたが、ここでも地域の多様な主体の参加が重視された。特に改訂版となる『Vision for Leeds 2004-2020』の策定では、2年間のプロセスで数千人にのぼる市民への意見聴取とセクター間の活発な協議が展開されている。

2）近隣地域再生資金の受給対象地域であったために、地域のセクター間の関係性に関する枠組みの設定が必要になったこと。

　近隣地域再生資金（NRF）の受給条件の一つに、地域の利害関係者が参画する「地域戦略パートナーシップ（LSP）」の結成がある。前述の通りリーズ市ではすでにリーズ・イニシアティブが存在したが、より公的にメンバーの関係性とパートナーシップへのコミットメントを明確にする枠組みが新たに求められた。その意味で、公的セクターと非営利セクターの関係性を規定するコンパクトの策定は、まさにタイムリーであったといえる。

3）中間支援組織が自治体と非営利セクター間の調整を行なったこと

　リーズ市の非営利セクターの代表的存在であるリーズ・ボイスは、リーズ市役所やリーズ・イニシアティブと他地域に存在する非営利組織との間に入り、コンパクト策定プロセスの中心で活躍した。非営利セクターには、福祉、教育、若者、少数民族、信仰、環境など多種多様な組織が存在するため、政府セクターとの協議には、それらを統括する中間支援組織の存在が大きな意味を持つ。リーズ・ボイスは市内最大の中間支援組織で、非営利セクターのリーダーとして重要な役割を果たしている。

6　問題点と今後の課題

　まず、非営利組織間の関係性の問題が挙げられる。コンパクトでは、公的セクターと非営利セクター間の関係性が議論されるが、地域のネットワークが広がるにつれて非営利組織間の関係性の問題も顕在化している。上述の通り、非営利セクターには多種多様な組織が存在するため、非営利セクター全体としての考えをまとめたい場合でも、各組織が自分達のフィールドの活動を優先させてしまい意見がまとまらない場合が多々ある。今後コンパクトを基にパートナーシップを更に進めていくにあたって、このようなセクター内

の関係性も考えていく必要がある。

　これに関連して、未だに十分に参加を得られていないグループの巻き込みも課題である。CIGは、これまでも黒人およびエスニック・マイノリティ団体の参加を呼びかけてきたが、それらの組織は多忙でありまた資金や時間といったリソースが十分でないこともあり、良い成果を挙げられていない。策定時にはこれらの組織からの意見のインプットは十分に検討されたが、今後実践においても参加を促す手法やしくみの検討が必要となろう。

　コンパクトの情宣と普及も重要なポイントである。策定当初は、非営利セクター中心のワーキング・グループが開催した「コンパクトのはじまり(Compact Launch)」というイベント以外は特に活動を展開していなかったが、2007年に政府がコンパクトの意義を見直し国レベルでの活動が活発になって以降は、リーズ・イニシアティブによるニューズレターの発行やCIGによる情宣イベントの開催など、新たな動きが出はじめている。これらの情宣活動は、非営利組織のみならず公共団体に対しても行う必要がある。これは日本でも良く見られることだが、公共団体はしばしば政策の策定に重点を置きがちで、一旦策定が終了するとその実践には力を割かないということがしばしばあるためである。

　最後に、これはリーズ・イニシアティブのメンバーからの指摘であるが、政府セクターの更なる意識改革が必要になる、ということである。現在国をあげて進められているパートナーシップ型政策であるが、そこで必要とされる他者とのコミュニケーションやコーディネーションといった能力は、多様な組織と協議する機会の多い非営利セクターのほうが政府セクターより秀でている。にもかかわらず、政府セクター、特に自治体の職員にはそのような認識がなく、学びあうという意識が乏しいとのことだ。コンパクトには特別な予算がついておらず、その実践のための専従職員もいない。まさに「ボランティア」な活動のため、その実践と普及には、コンパクトの意義を理解し進んで活動するような意識の改革が必要になろう。

7　おわりに

　プロセスで主導的な役割を果たしたリーズ・ボイスのある職員は、コンパクトの効果について次のように述べてくれた。「ローカル・コンパクトやLSPによって、以前に比べると非営利セクターに対する自治体の対応は確実に変わってきています。コンパクト策定に関与した自治体職員には、このコンパクトに愛着を持ち、コンパクトの内容に添って地域のパートナーと仕事をしていこうという意思が見られます。でも、このような動きはまだ一部であり、コンパクトの普及はまだまだこれからです。」

　コンパクトはセクター間の関係性という抽象的な取り組みであり、その普及には長い時間と地道な取り組みが必要になる。そのような中、CIGが両セクターの組織を対象に実施した最近の調査（2007年）では、「コンパクトの実践により両者の関係性が向上する」と答えた組織が9割に上っており、コンパクトへの期待が伺える。また、国の政策に呼応する形でCIGの活動も活発化しており、リーズ市コンパクトの更なる普及が期待される。

《参考文献》

後房雄（編）(2004)『イギリスNPOセクターの契約文化への挑戦：コンパクトと行政－NPO関係の転換（Sf21ブックレットNo.5）』特定非営利活動法人市民フォーラム21・NPOセンター
吉田忠彦（編）(2005)『地域とNPOのマネージメント』晃洋書房
辻本乃理子・的場信敬（2005）「地域戦略パートナーシップによる英国の地域再生―リーズ市を事例に」『日本建築学会2005年度大会学術講演梗概集F-1』、pp.949-950（日本建築学会、2005年9月）
Leeds Voice（2003）*Leeds Voice Annual Review 2003*,Leeds Voice
Leeds Initiative（2004）*Vision for Leeds 2004 to 2020*,Leeds Initiative
Leeds Initiative（2006）*Compact for Leeds（ver. 2006）*,Leeds Initiative
　※　その他ウェブサイト、リーフレットなど

第4章 バーミンガム市における
　　　　　コンパクトの取り組み

的場　信敬

1　バーミンガム市の概要

　バーミンガム市は、イングランド中心部のウエスト・ミッドランド県にあり、人口100万人を超える英国第2の都市である。18世紀には、近辺の鉄・石炭を利用した重工業が発展し「世界の工場」として産業革命を牽引した。1960年代の炭鉱閉山や厳しい公害対策関連の法整備などにより重工業が衰退した後も、イングランド中心部というその好立地から、全国各地への中継都市、さらにはビジネスや商業の街として発展を続けている。最近では、市中心部に残っていた12世紀に起源をもつ市場「ブル・リング（Bull Ring）」の再開発をはじめ、市内を通る水路（カナル）や人気のない地下道などの再整

バーミンガム市の中心市街地

備に着手しており、新しいクリーンな都市のイメージを作るべく変革を進めている。

2　コンパクト策定のプロセス

バーミンガム市コンパクトの策定プロセスは、国のパートナーシップ型政策へのシフトとコンパクト策定の動きに呼応する形で2000年にスタートした。まず、地域におけるセクター間の関係強化を促すとともに、コンパクトの内容や構成を検討することを目的として、バーミンガム市と市内のボランタリー＆コミュニティ組織の中間支援組織であるバーミンガム・ボランタリー・サービス・カウンシル（以後、BVSC）が合同で、新たにバーミンガム・ボランタリー＆コミュニティ・セクター委員会（以後、BVCSC）を設立した。メンバーには、非営利セクターから5組織（コミュニティ、女性問題、身障者、マイノリティ、住宅＆コミュニティ・ケア、の各問題を扱う非営利組織から各1名）、公共セクターから5組織（教育・技能カウンシル [Learning

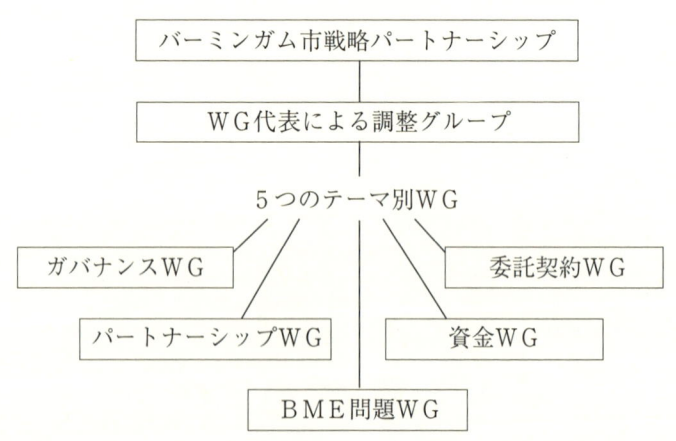

```
          ┌──────────────────────────────┐
          │ バーミンガム市戦略パートナーシップ │
          └──────────────┬───────────────┘
          ┌──────────────┴───────────────┐
          │   WG代表による調整グループ    │
          └──────────────┬───────────────┘
                  5つのテーマ別WG
   ┌─────────────┐               ┌─────────────┐
   │ ガバナンスWG  │               │  委託契約WG   │
   └─────────────┘               └─────────────┘
   ┌─────────────────┐         ┌─────────────┐
   │ パートナーシップWG │         │    資金WG    │
   └─────────────────┘         └─────────────┘
              ┌─────────────┐
              │  BME問題WG   │
              └─────────────┘
```

※　BMEは黒人およびエスニック・マイノリティ（Black and Minority Ethnic）（出典：BVCSC [2002, p.20]）

図4-1　バーミンガム市コンパクトの策定体制

and Skills Council]、初期医療トラスト［Primary Care Trust］から各1名、バーミンガム市議会から3名［労働党、保守党、自由民主党から各1名］）が選ばれ、議長には地元大学の教授が就任した。

　BVCSCは、コンパクト策定準備の報告書作成にあたり、約1年半にわたってアンケートやラウンド・テーブル、非営利組織へのヒアリング、地域会合などを開催し、より多くの地域住民の声を反映させるよう努めた。そうして集められた情報からバーミンガムに最も重要と思われる5つのテーマ（ガバナンス、パートナーシップ、資

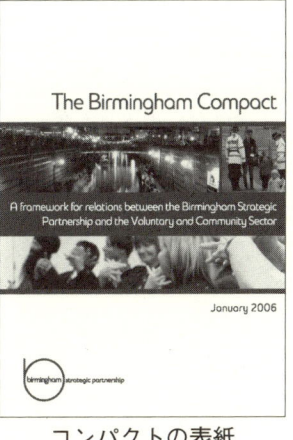

コンパクトの表紙

金提供、委託契約、黒人およびエスニック・マイノリティのボランタリー・セクター）を選定し、報告書の中で個別に分析・提言を行った。

　BVCSCによる報告書『セクター間の関係性を機能させるために：コンパクトの策定（Making the relationship work: creating a Compact）』が2002年に発表された後、コンパクトの策定はバーミンガム市の地域戦略パートナーシップ（LSP）であるバーミンガム戦略パートナーシップ（Birmingham Strategic Partnership：BSP）[1]が引き継ぎ、BVCSCの提言をもとに設定された5つのテーマ別ワーキング・グループ（WG）を中心として更に検討が加えられた（図4-1）。このワーキング・グループは、2003年6月から10月までにそれぞれ4、5回開催され、議論内容は2004年3月に完成したコンパクト草稿に反映された[2]（後、2004）。

1　コンパクト策定当時はCity Strategic Partnershipという名称であった。BSPについては、CLAIR（2008）でも紹介されている。
2　国のコンパクト普及の動きがはじまる前からボランタリー＆コミュニティ・セクターを中心としてコンパクトの策定を進めてきたレディングとは違い（第2章参照）、バーミンガム市では策定プロセス当初から地域のボランタリー＆コミュニティ・セクターの合意や理解が得られていたわけではなかったようだ。そのため、策定への準備も十分ではなく、ボランタリー＆コミュニティ・セクターの代表を選出するための直接選挙なども行われた。

完成したコンパクト『バーミンガム・コンパクト：バーミンガム戦略パートナーシップ（BSP）とボランタリー＆コミュニティ・セクターの関係性フレームワーク（以後、バーミンガム市コンパクト）』は、バーミンガム市のパートナーシップに関する正式な声明として位置づけられ、2006年1月までに、BVSC（非営利セクター）、教育・技能カウンシル、初期医療トラスト、ジョブセンター・プラス（Jobcenter Plus）、ウエスト・ミッドランド警察、ウエスト・ミッドランド消防、バーミンガム市（以上、政府セクター）が署名している。また、バーミンガム市議会の執行部（Cabinet）もコンパクトが設定した諸原則へのコミットメントを表明している。

　なお、バーミンガム市コンパクトは、他の都市でよく見られるカウンシルとボランタリー＆コミュニティ・セクターとの取り決めではなく、カウンシルを含めたBSPとボランタリー＆コミュニティ・セクターとの間での協約という形を取った。これにより、BSPに参加するすべての公共団体や将来的には企業なども、コンパクトの原則や提言への参加とコミットメントが求められることになり、地域ガバナンスのより広範なエリアで具体的な成果が期待できるようになった。

3　コンパクトの内容

　バーミンガム市コンパクトは、「1章　イントロダクション」、「2章　価値と原則」、「3章　コミットメントと行動」、「4章　不和の解決」、「5章　用語集」という5つの章で構成されている。この中で特にバーミンガム市の特徴を表しているのが2章および3章である。

　「2章　価値と原則」では、今後セクター間の関係性を強化するにあたって必要となる7つの原則が設定され、各セクターに求められる心構えとコミットメントが記されている。これら原則をふまえた上で「3章　コミットメントと行動」では、BVCSCで提示されテーマ別WGでも議論された5つのテーマについて、より具体的な提言がなされている（表4-1）。

表4-1　バーミンガム市コンパクトの7つの原則と5つのテーマ

○7つの原則
・公共の利益　　　　　　　　・多元性
・セクター間の相互依存性　　・多様性と差異
・社会的包摂とコミュニティ結束　・機会の平等
・公開性とアクセシビリティ

○5つのテーマ
・ガバナンス　　　　　　　　・パートナーシップ
・資金提供　　　　　　　　　・委託契約
・黒人およびエスニック・マイノリティのボランタリー・センター

　全体を通して、誰にでもわかりやすいように簡易な文体でまとめられている。その内容も、BVCSCから長い時間かけて検討されていることもあり、抽象的なテーマ設定の中にもより具体的な活動目標を掲げ、既存のバーミンガム市の政策や地域の具体的な公共団体などとのリンクも設定するなど、地に足の着いた議論が展開されている。あえてセクターごとのコミットメントを提示するのではなく協力して活動を進めていくような調子で書かれているのも印象的である。
　さらに特徴的なのは、民族多様性を意識したポイントである。バーミンガム市は、旧植民地のインドやパキスタン系住民のコミュニティの多さや中心市街地に発展した中華街などから、多様な民族が混在する都市として知られており、そのような多様なグループの声をどのように地域ガバナンスに反映させていくかは最重要課題のひとつである。コンパクトの策定プロセスを通して、地域の多様な主体が議論しコンパクトの原則やテーマとしてこれらのポイントを提示したことは、今後、地域合意契約（LAA）など地域の予算編成に、コンパクトの策定母体であるBSPが深く関与することを考えても大きな成果であった。

4　コンパクトの展開

バーミンガム市コンパクトは、策定が終了したあとも、実践と普及のためにさまざまな活動が展開されている。

まず、コンパクトの実践を担当する「コンパクト実践活動グループ（Compact Implementation Action Group：以後、CIAG）」が、コンパクト冊子版が作成された2006年に設立された。コンパクトに署名した組織の他（警察と消防は除く）、ボランタリー＆コミュニティ・セクターから新たにメンバーを加え、7団体で組織されている。これらの団体はシニアクラスのスタッフをCIAGに派遣しており、ここでの議論や決定事項が着実に実践につながるよう努力されている。

また、同時期に、コンパクトの初期の普及・啓発活動の責任者として新たに「コンパクト・チャンピオン」という、コンパクト専属のポストが設定された。10回にわたる「コンパクト会報（Compact Bulletin）」の発行や各種報告書の作成など活発な情宣活動を展開している。これらCIAGやコンパクト・チャンピオンなどの活発な活動は、コンパクトの全国レベルでの促進を進める「コンパクト・ボイス（Compact Voice）」により、2006年の年次大会で表彰された[3]。なお、コンパクト・チャンピオンは2007年3月でその役目を終え、現在その活動はBSPとCIAGが引き継いでいる。

刷新されたBSPのウェブサイト（http://www.bebirmingham.org.uk/）でもバーミ

---

[3] バーミンガム市の属するウエスト・ミッドランド県では、他の地域でもコンパクト専属のスタッフが雇用されるなどコンパクトへの関心が高く、さらに、県レベルで「ウエスト・ミッドランド・コンパクト・フォーラム（West Midlands Region Compact Forum）」も設立され、活発な普及・実践活動が展開されている。ちなみにこの広域レベルでの取り組みもコンパクト・ボイスのコンパクト優秀賞を受賞した。
（http://www.wmregion-compactforum.net/birmingham-compact/2006/12/1/birmingham-scoops-two-national-compact-awards.html ：最終アクセス確認は2008年2月7日）。

ンガム市コンパクトの情報が提供されており、コンパクト本文や会報の電子データ、アンケート調査の結果、全国レベルでの動きや情報などを見ることが出来る。また、コンパクトに賛同した人がウェブ上でサイン・アップできるようにもなっているほか、コンパクトの普及のためのスクリーンセーバーやポスター、パンフレットなども配布している。

現在は、「コンパクト実践計画（Compact Implementation Plan）」の準備が進んでおり、この中でより具体的にコンパクト普及と実践に向けた取り組みが提示されることになっている。

5 新たな関係性の構築

このような流れの中で、地域ガバナンスにおいても少しずつ変化がおこっている。例えば、コンパクト策定に携わった議員の働きかけにより市の委託事業やLAA策定の意思決定プロセスに、非営利セクターが参加することになったほか、LAAの中でもコンパクト原則の推進が明記された。また、バーミンガム市では現在、持続可能なコミュニティ戦略『バーミンガム2026』の策定作業が進められているが、ここでもウェブサイトを通した意見聴取や、文書のアクセシビリティを高めるための工夫[4]など、熱心に市民の声を取り入れる努力がなされている。

バーミンガム市では、地域住民の意思を取り入れる準備期間を長く取り、参加型の議論プロセスも経て、地域の特徴ある課題が反映されたコンパクトが出来上がった。その文書はもちろん、その策定プロセスで培われたセクター間の関係性と地域全体のキャパシティが、最近の活発なパートナーシップ型ガバナンスへの取り組みを支えていることは想像に難くない。コンパク

---

4 「シンプルな言語委員会（Plain Language Commission）」という第3者機関から、文書の分かりやすさを認定した証明書を取得している。これまでの単なる行政文書の枠を超えた、地域ガバナンスに関するすべてのステイクホルダーのための文書、という意識がみてとれる。

トの普及・実践を担う BSP は 2007 年末に「Be Birmingham」と名称を変え、新たなスタートを切った。バーミンガム市における更なるパートナーシップへの取り組みを期待したい。

《参考文献》

後房雄（編）(2004)『イギリス NPO セクターの契約文化への挑戦：コンパクトと行政－NPO関係の転換 (Sf21 ブックレット No.5)』特定非営利活動法人市民フォーラム 21・NPO センター

(財)自治体国際化協会 (CLAIR) (2008)『ローカルコンパクト (Local Compact) (CLAIR REPORT No.317)』

Be Birmingham (2007) *Birmingham 2026: Our vision for the future (Consultation draft)*: Birmingham City Council (BCC)

Birmingham Strategic Partnership (BSP) (2006) *The Birmingham Compact: A framework for relations between the Birmingham Strategic Partnership and the Voluntary and Community Sector*: BSP

BSP and BCC (2006) *Birmingham Local Area Agreement*: BCC

Honeywell, M. (2007) *Review of Compact in the West Midlands* (undertaken for Government Office West Midlands and Presented to the West Midlands Regional Compact Forum on 13th February, 2007)

※　その他ウェブサイト、各種報告書、リーフレットなど

第5章
愛知県日進市における『にっしん協働ルールブック
―市民活動団体と行政の協働指針［理念編］』の取り組み

的場　信敬

1　はじめに

　これまで、英国のパートナーシップ型地域ガバナンスに向けた取り組みの一環として、コンパクトの動きを紹介した。日本でも、協働型地域運営の模索の中で、ローカル・コンパクト的な取り組みが少しずつ広がりつつある。その中でもいち早く本格的な取り組みを進めたのが愛知県である。愛知県版のローカル・コンパクト『あいち協働ルールブック2004』は、地元大学教授を座長に、県職員、NPOスタッフ、ボランティアなどで構成する検討会議と、会議・フォーラムなどへの延べ1000人にものぼる参加者による議論を経て策定された。自治体とNPOの共通の原則として、「目的・目標の共有」「相互理解」「対等の関係」「透明性の確保」「評価の実施」を設定しており、コンパクトに近い理念を提示している。

　このような県レベルでの動きに呼応する形でコンパクト的政策の策定が進められたのが日進市である。本稿では、日進市の『にっしん協働ルールブック―市民活動団体と行政の協働指針［理念編］』における取り組みを概観しその内容について検討する。

2　日進市の概要

　日進市は、愛知県のほぼ中央、自然豊かな丘陵地に発展した市である。市の中心部には天白川が東西に流れており、その流域に農耕地が広がっている。近年は、名古屋市や豊田市のベッドタウンとして急速に発展し、人口の流入、特に若年夫婦が増加した。それに伴い出生率も高まっており、人口が年々増加している。2005年4月の人口は、7万5600人あまり。名古屋市に近いことから、大学や短大などの立地も進み、学園都市としても栄えている。以上のような背景から、比較的高学歴で高収入の世帯が多いのが特徴である。

3　協働ルールブックまでの道のり

　日進市における市民参加の議論は、1999年に佐護彰市長が誕生してから活発化する。その最初のマイル・ストーンとなったのが、2002年3月に策定された『市民活動推進に関する提言書』である。市長から委嘱された、日進市市民活動推進検討会議（市民活動団体の代表や公募市民の11名で構成）によって作業が進められ、市民や市民活動団体へのアンケート、先進地の視察や有識者の意見聴講、18回にわたる会議などを経て策定された。市民活動の定義や行政と市民活動団体との協働のあり方、そしてそのための行政の支援策などを提示している。現在も、市民活動団体やNPOとの委託契約における行政の基本的な考え方として位置づけられており、ウェブサイトなどでもこの提言書を参照できる。また、2004年には、環境基本計画の策定も、市と市民活動団体の協働で策定している（環境基本計画については後述）。

4　にっしん協働ルールブック

　にっしん協働ルールブックの策定は、2005年4月に、市が市内の60を越

える市民団体が参加する「日進市民グループゆるやかネットワーク（2004年設立：以後、ゆるやかネットワーク）」に、策定作業を委託する形ではじまった。有識者の講演や研修会などを通して、同年12月に素案を作成した後、行政関係課職員の検討グループとの合同検討会議において内容の確認とスリム化を行った。最終版は2006年3月に公開された。

ルールブックは4章構成で、まず、第1章「日進市における市民活動の背景と位置付け」の中で、市民自治の実現という立場から、市民活動団体を行政と共に公共を担う組織として位置づけ、第2章「協働の基本的な考え方」において、協働の必要性とその原則を説明し、第3章「協働の進め方」で、より具体的に協働の種類などを設定した上で、第4章「実効性の確保」で、今後の展開として「実行編」の策定や、行政と市民活動団体双方の代表からなる合同組織を立ち上げて、ルールブックの実践をモニタリング、評価していくことを定めている。

普及・啓発活動用に作成された「にっしん協働ルールブック」大型版

ルールブックの内容で特に特徴的なのが、「協働の原則」である。ここでははじめに、「公共を担う市民活動団体は、行政の下請けではありません」（日進市、2006、p.10）と明確に提示した上で、以下の5つの原則を提示している。

① 対等の原則
② 相互理解の原則
③ 目的・目標共有の原則
④ 公開の原則
⑤ 時限性の原則

これらの原則は、まさに英国のコンパクトの理念に重なるものであるが、際立っているのが、成熟で対等なパートナーシップの文化を構築しようとい

う行政、市民活動団体双方のスタンスである。「① 対等の原則」では、現在は行政のキャパシティが大きいことを認識した上で、非営利セクターとの対等性を確保するには、行政が特に配慮する必要があることを明示している。また、「③ 目的・目標共有の原則」では、協働について「協働すること自体が目的ではなく、多様化する市民ニーズや新たな社会的課題に対応するための一つの手段（p.13）」であるとしており、ここでも、「協働」作りの流行に乗ることなく、より戦略的に地域の課題解決に協働を活用するという成熟した考え方が見られる。さらには、「⑤ 時限性の原則」でも、持続的な成熟した関係の必要性を意識しつつも、協働事業の時限性を明確にすることにより、相互依存のないクリーンな関係性の確保も視野に入れている。

　このようにして行政、市民活動団体両者の対話により策定されたルールブックは、市長および市の半数を超える議員、ルールブックの趣旨に賛同する140もの市民活動団体が署名する形で採用された。署名式は公開で2006年5月に行われ、市議会議長や90を超える市民団体などの立会いの元、市長と市民団体の代表が署名を取り交わした。政府セクターと非営利セクター双方の署名という形でルールブックを社会に位置付けたことで、これを単なる行政計画ではなく市民サイド主導のものとして公開するという意味合いがあった。また、大々的に公開することで、市長を含め、議員や行政サイドに、ルールブックの理念とその実践の重要さを改めて認識してもらうというねらいもあったようだ。

　現在は、ルールブックでも明示された「実行編」の策定を進めている。ルールブックにあったそのための合同組織は、各課の担当者とゆるやかネットワークの代表で組織されている。

5　先進的な取り組みが可能になった要因

　まず、もともと比較的高学歴・高収入の世帯が多いため、昨今の急激な乱開発による環境問題など地域社会の問題に関心がある市民が多く、それが市

民参加や市民活動団体の土台を支えてきたことが挙げられる。そしてそのような市民が、市民派議員や女性議員を多数議会に送り込み、市政に新た動きをもたらしている。

また、日進市がある愛知県で、日進市にさきがけて作られた『あいち協働ルールブック2004』が2004年に策定されたが、この先進的な取り組みが日進市の動きを加速させた面もあるようだ。事実、日進市のルールブックの策定には、愛知県での策定作業に関わっていた市民も参加しており、その経験が日進市においても十分に生かされていた。

ルールブックの行政側担当者は、要因のひとつとして、環境基本計画策定（2004年3月）の経験を挙げてくれた。日進市の環境基本計画が策定された2000年代初頭は、日本でも協働の議論が盛んになりつつある時期で、行政内部にも市民サイドにも、市民参加による策定の必要性は認識されていた。そこで担当者はその後の展開も考えて、環境基本計画の策定プロセスを出来るだけ市民参加型にすることで、行政、市民活動団体双方の中に「同志」を作るためのきっかけとして利用した。このときの経験で、職員の市民参加に対する考え方やそのためのスキルなどが磨かれた。行政サイドは、課長級以下50人を超える職員が参加したが、現在この時のメンバーが管理職になって日進市のパートナーシップ型政策を引っ張っているということである。

さらに、ルールブックが策定された当時の佐護彰市長が市民との協働に熱心であったことも重要なポイントである。佐護市長は美術大学出身という市長としては異色の経歴を持つが、市民参加の街づくりを市政の中心概念に掲げ、2期8年の任期中さまざまな参加型政策を進めた。この間に行政と市民との良好な関係性が育まれ、それがルールブック策定プロセスにも大きく貢献したようだ。

最後に、重要なポイントとして、やはり策定と実践に関わる人々の熱意が挙げられよう。行政の担当者は、市民参加や市民自治といった課題に関して、地域の市民や市民活動団体、NPOなどの意識や知識、スキルが高いということを認識しており、それらを積極的に既存の地域ガバナンスに取り入れよう

とする熱意をもっていた。そして、そのような新たな枠組みに合わせて行政、特に管理職が変わっていかなければいけない、という意識も持っている。そのような意識の高い職員が、これは上述したような経験からであろうか、行政の中で比較的自然に組織に受け入れられているように感じられた。彼らが声を大にして「行政は変わらないといけない」ということが出来る雰囲気が、日進市にはあるということだろう。

6　今後の展開

今後は、ルールブックの実行編も含めて、このような理念をどのように市の個別政策とリンクさせていくかが課題となるだろう。行政職員の意識が比較的高いとはいえ、ルールブックの理念が全庁的に広がっているのかといえばまだまだというのが担当者の感覚であった。

今後の展開に向けて懸念材料もある。協働型政策を推進した前市長が勇退した後の2007年7月の市長選挙で、前市長が後継者として指名した候補がわずか62票という僅差で敗れた。僅差ながら前市長の市政運営に有権者が「NO」という判断を下したとも言えるわけで、これまでの市の協働型路線に影響が及ぶことも考えられる。これまでのところ、ルールブック実行編の策定については、平成18年度以降も委託事業としてゆるやかネットワークが担当して進めている。その一方で、市民や市民活動団体の交流や活動の場を提供し、協働型社会の実現に向けて活発な活動を展開している「にぎわい交流館」の運営について、新たな指定管理者制度導入の議論の中で、それまでゆるやかネットワークに委託していたのを一度見直し、市が直接運営することになるなど、新たな動きも見られる。

ただ、このルールブックは、140を超える市民活動団体や、前市長および議員の半数を超える議員の署名も集めているということで、民主的な意味でも正当性の高い政策といえる。また、これまでに培ってきた市民参加の歴史やセクター間の関係性は、市の社会関係資本としてしっかりと蓄積されてい

るであろう。今後も、ルールブックの理念編が尊重されるとともに、実行編の完成とその実践を通して、市の日々の意思決定や現場での実践活動に当然のように協働の理念が適用されるようになることを期待したい。そうなってはじめて、ルールブックの掲げる「市民自治」の実現が現実味を帯びてくるだろう。

《参考文献》

愛知県（2004）『あいち協働ルールブック2004』、愛知県
後房雄（2004）「なぜコンパクトに注目するのか－日本のNPOセクターの転換点とイギリス・モデル」、後房雄（編）『イギリスNPOセクターの契約文化への挑戦：コンパクトと行政－NPO関係の転換（Sf21ブックレットNo.5）』、pp.3-15、特定非営利活動法人市民フォーラム21・NPOセンター
日進市（2006）『にっしん協働ルールブック－市民活動団体と行政の協働指針［理念編］』、日進市
日進市（2006~2007）『にぎわい交流館運営協議会議事録』（平成18年度第2～4回、平成19年度第1回、第2回）
山崎美貴子（2003）「日本における新たなパートナーシップを目指して －英国のコンパクトから学ぶ」、リズ・バーンズ、山崎美貴子『イギリスのコンパクトから学ぶ協働のあり方 －ボランティア・市民活動、NPOと行政の協働を目指して－』、東京ボランティア・市民活動センター

第6章　資料編
　―英国3都市のコンパクト　一部訳

的場　信敬　訳

　ローカル・コンパクトは、地域の社会的・制度的状況やボランタリー＆コミュニティ・セクターと政府セクターの関係性の特徴を反映したユニークなものである。また、コンパクトは通常の行政文書と異なり、地域の利害関係者が気軽に参照できる必要があるため、そのアクセシビリティの確保は重要な要素である。そのため、コンパクトの内容はもちろん、デザインにもそれぞれ趣向が凝らされている。そこで本章では、資料編として今回紹介したレディング、リーズ市、バーミンガム市のコンパクトについて、特に特徴のあるパートの一部訳を紹介する。
　なおこれらのコンパクトの他、イングランドで策定された多くのローカル・コンパクトは、コンパクトのナショナル・ウェブサイト（http://www.thecompact.org.uk/homepage/100016/home/）で入手可能である。

1　レディング：The Reading Compact

1. BACKGROUND

a) The present government has worked closely with the Voluntary and Community Sector in England and Wales to developing a national "compact", or framework document setting out key principles for future relationships between the two sectors.

b) It is widely recognised that for many Voluntary and Community organisations, the principal contact with a government body is at local level. Reading has a long-established relationship between the local authority and the Voluntary and Community Sector in the town and representatives from each sector have worked on developing a compact at local level which establishes these key principles for closer working partnerships.

c) At this stage the compact involves Reading Borough Council and the Voluntary and Community Sector in Reading. It is hoped that the example of this compact could lead to similar 'compacts' with other statutory sectors, such as the Police and Health Authorities.

> *"I think that this document is a valuable start in creating an honest and more transparent market place for the local authority to meet the voluntary (and Community) sector"*
> Workers Education Association - Reading

d) A key part to ensuring the success of the relationship between the two sectors are clear lines of communication and good distribution of information. Both parties will be working hard to ensure this is done as effectively as possible.

e) The Voluntary and Community Sector is used throughout this document to refer to all voluntary organisations whether they are national, district-wide or small neighbourhood or interest groups. We do not regard any group as having more merit than another.

2. THE LOCAL AUTHORITY'S ROLE IN RESOURCING THE VOLUNTARY AND COMMUNITY SECTOR

THE PRINCIPLES UNDERPINNING SUPPORT

a) Relationships between Reading Borough Council and the Voluntary and Community Sector will be based on respect for the independence of individual organisations and their right to make and accept responsibility for their actions and decisions. Reading Borough Council recognises that Voluntary and Community Organisations may sometimes have opposing viewpoints to those held by the Borough and respects their right to express this different point of view.

b) Reading Borough Council's resources and support will be allocated to organisations in an open and transparent way.

c) Organisations working in partnership with the Council in pursuit of common aims will be given priority in the allocation of resources, in particular those working with key corporate strategies and equal opportunities target groups, namely:

レディング・コンパクト（p.3）

※ここでは、「2．ボランタリー＆コミュニティ・セクターへの財政補助における地方政府の役割」を紹介する。

2　ボランタリー＆コミュニティ・セクターへの財政補助における地方政府の役割

サポートを担保する原則

a)　レディング郡カウンシルとボランタリー＆コミュニティ・セクターの関係は、個々の組織の独立性と、活動や決定を行いそれに対する責任を受け入れる権利を尊重することを基礎として成り立ちます。レディング郡カウンシルは、ボランタリー＆コミュニティ組織が時にはカウンシルと対立する見地を有することを認識し、ボランタリー＆コミュニティ組織がそのような異なる視座を表す権利を尊重します。

b)　レディング郡カウンシルのリソースやサポートは、ひろく透明性の高いプロセスでボランタリー＆コミュニティ組織に提供されます。

c)　レディング郡カウンシルと目的を共有してパートナーシップで活動するボランタリー＆コミュニティ組織、特に主要な運営戦略や機会均等のターゲット・グループ（主に、女性、身障者、高齢者、低所得者、黒人コミュニティ）と活動する組織は、カウンシルのリソースを優先的に受けることができます。

　　レディング郡カウンシルは、これらのターゲット・グループが時折レビューされる必要性を認識しています。レディング・ボランタリー・セクター・フォーラムは、ボランタリー＆コミュニティ・セクターがターゲット・グループとして設定されるメリットがあると考えるすべてのグループの、積極的な巻き込みを行います。

d)　レディング市民が恩恵を受けるイノベーションや新しい手法は積極的に奨励されます。

e)　レディング郡カウンシルは、リソースの提供に際して、ボランタリー＆

> 「ボランタリー組織は、単にお飾り的な仕事をしているわけではありません。地域の社会的環境に変化をもたらしたり、法的対応が必要になる前に問題解決にあたったりすることで、公共団体の長期的な貯蓄に貢献しているのです」
> 　　Berkshire Women's Aid
> （バークシャー女性エイド［チャリティ組織］)

コミュニティ組織に一貫した対応を行います。提供されたすべての助成金の細則（計算書）は、レディング郡カウンシルに提出されるコンパクト年次報告書の一部として掲載されます。

f) レディング郡カウンシルは、以下のようなフィールドにおける強力で多様なボランタリー＆コミュニティ・セクターの価値を認識します。
   * 高品質なサービスの普及促進
   * レディング市民の生活の質の改善への貢献
   * 持続可能なコミュニティの発展
   * 地域民主主義の改善

既存の資金提供体制
ボランタリー組織への資金提供はさまざまな形で行われています：

a) コミュニティ助成金（Community Grants）
　　この資金は、小規模なグループのプロジェクト資金あるいは立ち上げ資金として設定されています。通常は300～500ポンドほどが提供されますが、特別な事情がある場合、例外として最高3000ポンドまでの提供が可能です。身障者のアクセス改善のための最高2000ポンドの助成（マッチング・ファンド）はこの例外として提供されるものです。コミュニティ助成金は1年に4度検討されます。ボランタリー＆コミュニティ・セクターは、新しい組織に対するこのスキームの重要性を認識しています。

b) コア・ファンディング助成金（Core Funding Grants）
　　この資金は、組織のコア・ファンディング（組織運営費）のサポートを目的としています。新しい革新的な活動のための他の資金を呼び込むことが容易になります。このコア・ファンディングがもたらす重要なサポートは、レディング郡カウンシルによって認識されています。また、このサポートを受けた組織が、組織の安定性を確保することによって得た外部資金を獲得する能力についても、カウンシルは認識しています。2000ポンドに満たない資金提供を受けるグループは、一括払いによる資金と助成金提供のシンプルな確認通知を受けとり、基本的なモニタリングの情報の提供を求められます。2000ポンド以上の資金を受ける組織は、分割払いにより3ヶ月に1度資金を受け取ります。5000ポンド以上の資金

サポートは、レディング郡カウンシルと資金受給組織の間でのサービス合意が必要となり、適切なレベルのモニタリングにも合意します。これらの設定は通常1年ごとに見直しが行われます。コア・ファンディング助成金への申請の締め切りは、通常10月の終わりです。すでに1年単位で助成金の提供を受けている団体は、申請に際し特別な優先権は与えられません。

c) 3年単位の合意

多くの組織は3年単位の資金プログラムの合意を得ます。3年単位の合意を結ぶか否かは、単に助成金の資金レベルではなくさまざまな要素から判断されます。年ごとの資金提供についてはこれを保証するものではありません。3年間の合意を結んだ組織には優先的に資金が提供されます。「助成金リエゾン・オフィサー」が1年ごとに進捗を調査し、通常は資金継続を提言します。資金の受給組織は、合意期間の終了時になってはじめて、新たな資金への申請を行います。レディング郡カウンシルは、助成金リエゾン・オフィサーがカウンシルのすべての部局で一貫性のあるサービスを行うよう努めます。可能な場合は、3年の合意期間1年ごとに資金の増額を行います。資金の受給組織は、例外的な状況がない限り、更なる資金の増額を求めません。

d) 委託契約

いくつかの「非営利」組織は、レディング郡カウンシルと委託契約関係の下でサービスを提供しています。委託契約は助成金のプロセスの一部ではありませんが、レディング郡カウンシルのサービス調達（購入）プロセスの一環として、公開入札方式で行われています。このコンパクトは、そのような委託契約についてカバーすることを想定していません。

e) その他のサポート

これらのサポートに加えて、レディング郡カウンシルはボランタリー＆コミュニティ・セクターへのさまざまなサポートを提供します。

i) レディング郡カウンシルが所有する不動産の、市場価格より低額でのリースや、公民館やコミュニティ支援センターなどでの低額設備利用や補助的賃貸料の設定。このようなレディング郡カウンシルのサポート提供においては、カウンシルはサポートを得るボランタリー＆コミュニティ組織がそのような賃貸契約に

おける法的責任を理解している、ということを確認します[1]。
- ii) 新しく設立された組織の印刷費や郵送費へのサポート
- iii) 各種取引における任意の割引レートの設定
- iv) 少数の組織への給与計算のサポート
- v) スタッフとその専門知識の貸し出し

f) 期限が切れた外部資金の整理

　レディング郡カウンシルは、有期の資金プロジェクトが終了した際にボランタリー&コミュニティ組織が抱える問題を認識しています。ボランタリー&コミュニティ組織は、すべてのあらゆる資金リソースの獲得を自由に検討することができますが、もし、計画の一部として、当初の資金プロジェクトが終了した後に、レディング郡カウンシルの資金によりそのプロジェクトを継続するといったことが含まれている場合は、カウンシルとの事前の合意が必要となります。理想的には、このような計画を検討している組織は、外部資金の入札を進める前に、プロジェクトの計画策定段階からカウンシルを巻き込むべきです。まれに例外的な状況では、レディング郡カウンシルは事前の合意なしにカウンシルの裁量で資金を整理・引き揚げることもあり得ます。

1　レディング郡カウンシルが所有する不動産について、賃貸料をなくすか賃貸料を支払うための助成金を提供するか、という問題については、現在議論が進んでいます。今後も、このコンパクトの実践を担当する新たな組織のもとで、この議論は継続されます。

2　リーズ市：Compact for Leeds

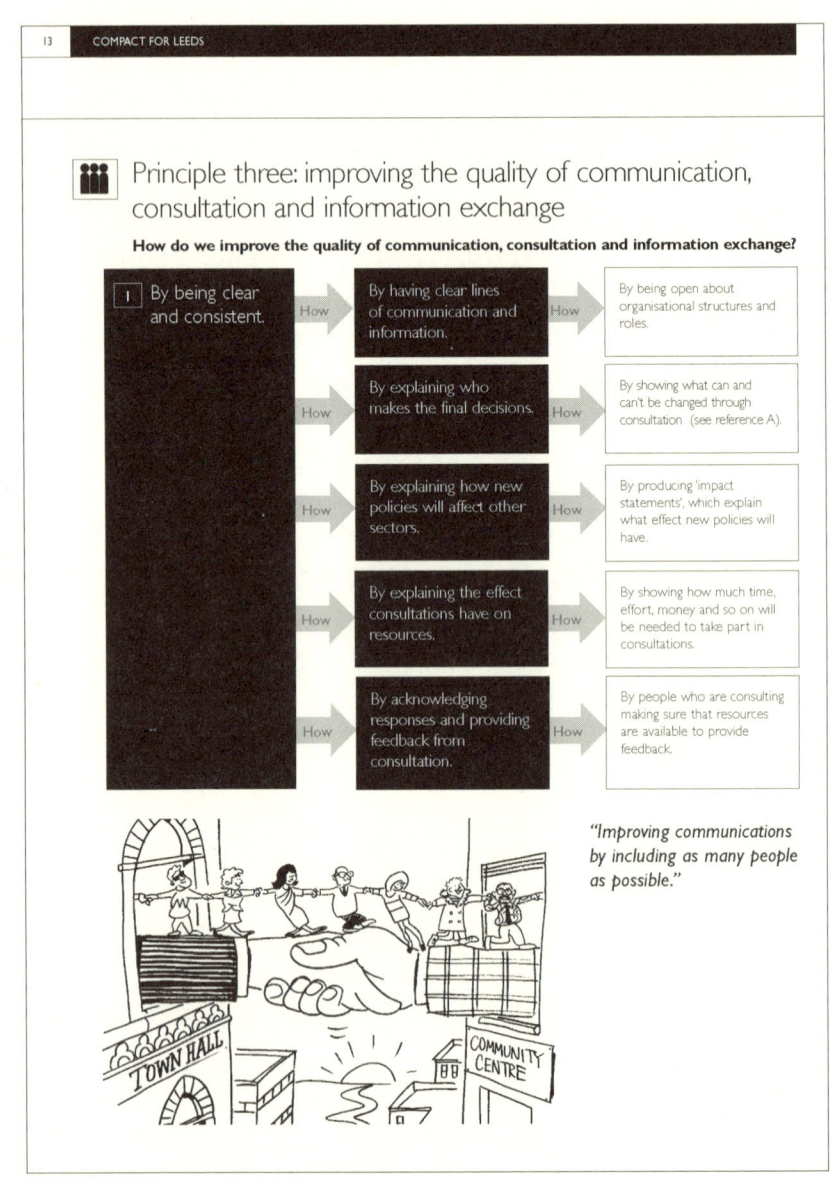

COMPACT FOR LEEDS

Principle three: improving the quality of communication, consultation and information exchange

How do we improve the quality of communication, consultation and information exchange?

1. By being clear and consistent.

- How → By having clear lines of communication and information. → How → By being open about organisational structures and roles.
- How → By explaining who makes the final decisions. → How → By showing what can and can't be changed through consultation (see reference A).
- How → By explaining how new policies will affect other sectors. → How → By producing 'impact statements', which explain what effect new policies will have.
- How → By explaining the effect consultations have on resources. → How → By showing how much time, effort, money and so on will be needed to take part in consultations.
- How → By acknowledging responses and providing feedback from consultation. → How → By people who are consulting making sure that resources are available to provide feedback.

"Improving communications by including as many people as possible."

リーズ市コンパクト（p.13）

※ ここでは、「原則1:対等なパートナーシップの促進」を紹介する。

原則1：対等なパートナーシップの促進
どのように対等なパートナーシップを促進するのでしょうか？

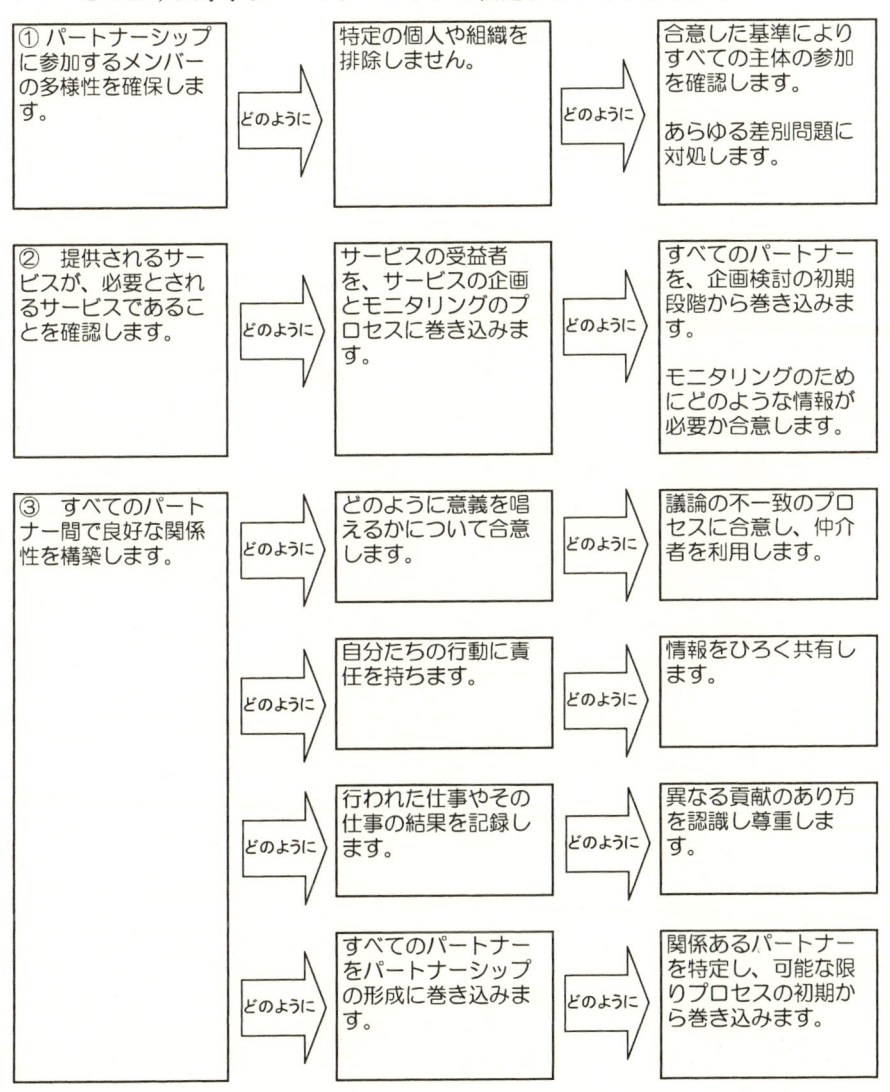

① パートナーシップに参加するメンバーの多様性を確保します。	→どのように→ 特定の個人や組織を排除しません。	→どのように→ 合意した基準によりすべての主体の参加を確認します。あらゆる差別問題に対処します。
② 提供されるサービスが、必要とされるサービスであることを確認します。	→どのように→ サービスの受益者を、サービスの企画とモニタリングのプロセスに巻き込みます。	→どのように→ すべてのパートナーを、企画検討の初期段階から巻き込みます。モニタリングのためにどのような情報が必要か合意します。
③ すべてのパートナー間で良好な関係性を構築します。	→どのように→ どのように意義を唱えるかについて合意します。	→どのように→ 議論の不一致のプロセスに合意し、仲介者を利用します。
	→どのように→ 自分たちの行動に責任を持ちます。	→どのように→ 情報をひろく共有します。
	→どのように→ 行われた仕事やその仕事の結果を記録します。	→どのように→ 異なる貢献のあり方を認識し尊重します。
	→どのように→ すべてのパートナーをパートナーシップの形成に巻き込みます。	→どのように→ 関係あるパートナーを特定し、可能な限りプロセスの初期から巻き込みます。

④ パートナーシップをレビューします。	→どのように→	モニタリングとレビューの方法に合意し、結果を受け入れます。	→どのように→	予期しないアウトカムを明示します。
⑤ チーム作りを行います。	→どのように→	期待とターゲットを明確にします。	→どのように→	政府の「ベスト・バリュー」の政策に地方政府の活動を関係付けます。 サービス使用者の視点を考慮します。 すべての貢献者を明示します。
	→どのように→	成功にも失敗にも、共に責任を持ちます。	→どのように→	すべてのパートナーが貢献して共同で意思決定を行います。
⑥ 共通の目標に合意すします。	→どのように→	パートナーそれぞれがリーダーシップを取ることが期待され、異なるさまざまなリーダーシップのかたちを認識します。	→どのように→	パートナーが互いに関係性を構築できるように、研修のリソースを統合します。
	→どのように→	合意された戦略に沿ってサービスを提供します。	→どのように→	共同戦略を策定します。
	→どのように→	何が提供されているのかを明確にします。	→どのように→	アドボカシーと開発、サービス提供を区別します。

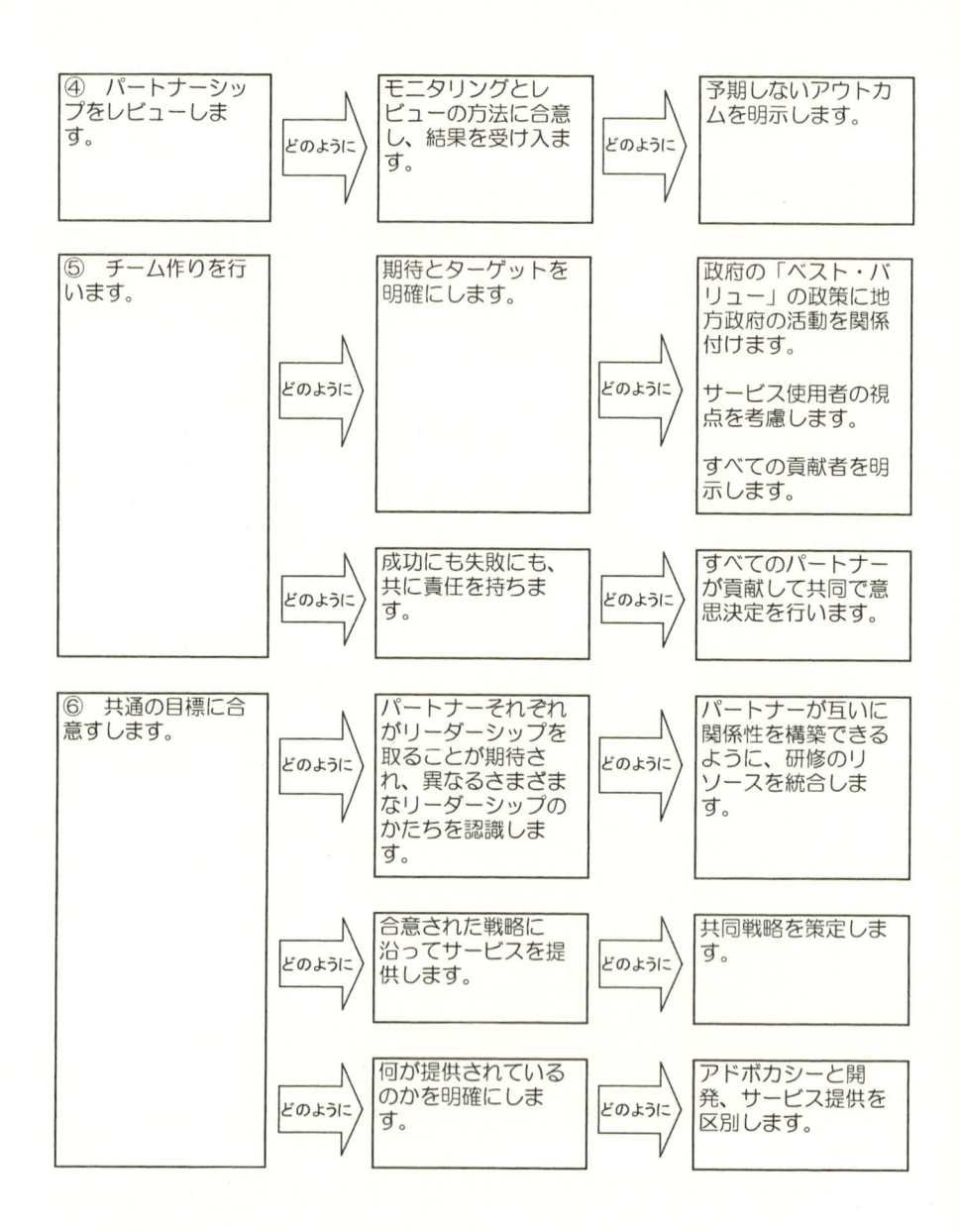

3　バーミンガム市：
The Birmingham Compact ： A framework for relations between the Birmingham Strategic Partnership and the Voluntary and Community Sector

バーミンガム市コンパクト（p.14）

※　ここでは、「3．コミットメントと行動」を紹介する。

3　コミットメントと行動

このセクションでは、バーミンガム・ボランタリー＆コミュニティ・セクター委員会（以後、BVCSC）とテーマ別ワーキング・グループの報告書で提示された具体的な問題に対応するための、はじめのステップを提示します。テーマ別ワーキング・グループの主題と同じ5つのテーマに合わせてまとめられています：
○　ガバナンス
○　黒人およびエスニック・マイノリティに関する問題
○　パートナーシップ
○　ボランタリー＆コミュニティ・セクターへの資金提供
○　委託契約

ガバナンス

「ガバナンス」の議論の中核は、セクター内とセクター間におけるオーナーシップと権力の関係性の問題です。これを検討するにあたり、3つの基本的なポイントを提示する必要があります。

1番目に、コンパクトは、ボランタリー＆コミュニティ・セクターは政府セクターから独立している、という原則の下に機能しなければなりません。公共の福祉と効果的な市民社会への、ボランタリー＆コミュニティ・セクターの貢献の独自性と価値は、政府セクターの諸活動を規定する優先事項や各種制約などから独立していることによるところが大きいのです。ボランタリー＆コミュニティ・セクターを新たな公共サービスの提供者として―そのため事実上、政府セクターの「従属的パートナー」として―位置づける圧力がありますが、先に提示した多元性、多様性、社会的包摂、コミュニティ結束、機会平等といった原則を実現するには、ボランタリー＆コミュニティ・セクターの正式な独立性を維持し、強化することが重要です。

2番目に、しかしながら、ボランタリー＆コミュニティ・セクターの公共サービスの提供者としての役割が、かつてなく重要なものになっているのも明らかです。財務省の『サービス提供におけるボランタリー＆コミュニティ・セクターの役割についてのクロス・カッティング・レビュー』でも、同セクターのサービス企画・立案における重要な役割と、セクター繁栄のためのキャパシティとインフラストラクチャの強化の必要性が再確認されました。コンパクトに賛同する

メンバーは、ボランタリー＆コミュニティ組織がそのポテンシャルを最大限発揮するのに必要となるサポートにアクセスできるべきであると考えます。この問題は「チェンジアップ（Change-up）」のプロセスと照らして今後も検討されます。

3番目に、コンパクトの策定と実践においては、政府セクターおよびボランタリー＆コミュニティ・セクターの構造と組織は常に変化していることを考慮しておく必要があります。特に、政府セクターは現在大規模な再編のさなかにあることを認識しておくことが必要です。これは例えば、新たなガバナンスとマネジメントの手法による保健サービスと社会ケア・サービスの結合に見られるような、組織や活動領域の合併と統合のプロセスによる横方向の動きであったり、あるいは、広域レベル政府の強化や市域内における地域分権型構造の設定など新たな層のガバナンス・システムの設立に見られるような、縦方向の動きであったりします。すべてのこれらのプロセスは、政府セクターとボランタリー＆コミュニティ・セクターの関係性や、ボランタリー＆コミュニティ・セクター自身の組織マネジメントに必然的に影響を与えます。

BVCSCの結論および提案では、「ガバナンス」は次の3つの表題により検討されています；

○ ボランタリー＆コミュニティ組織の内部ガバナンス
○ より広い市民ガバナンスの問題
○ ボランタリー・セクター・フォーラムの役割

現場では、これらのポイントは議論が重なる部分が多いですし、そのことは、このコンパクトを通して推進される活動にも反映されています：

(i) バーミンガム戦略パートナーシップ（以後、BSC）は、スタッフ雇用と保持、トレーニングや育成、ボランタリー＆コミュニティ・セクター運営組織のメンバーへの報奨などに関する重要な課題を認識しています。これらの問題に対して、以下のことが合意されています：

○ 運営理事会の空きポストを満たすため、（リソースのサポートを受けた）ボランティアの中央登録リストの実効性について、フィージビリティ・スタディを行うべきである
○ ボランタリー＆コミュニティ・セクターのキャパシティ構築（技能トレーニング、政策テーマの理解力、リソース管理など）をサポートするために、市域内の既存のリソースを強化する提言書を作成すべきである（この提案は、広域レベルにも該当

する)。また、セクター間の短期間のスタッフ派遣や交流事業も考えられる。これらの提言書は、現在BSPの主導でバーミンガム・シティ・カウンシル、ウエスト・ミッドランド政府広域事務所、バーミンガム・ボランタリー・サービス・カウンシル(BVSC)が共同で進めている、ボランタリー&コミュニティ・セクターのインフラストラクチャ整備プログラムも考慮に入れる必要がある。

(ii) 市内（あるいは広域）のボランタリー&コミュニティ・セクターをサポートする「シンクタンク」のアイディアは、基本的には合意されています。この組織は、セクターにかわり研究や政策開発の役割を担い、イノベーションを創出・促進し、そして組織やグループが戦略開発に参加するサポートを行うことになります。このことは、日々変化するニーズや状況に対応するための新たなエネルギーをボランタリー&コミュニティ・セクターに与え、ボランタリー&コミュニティ・セクターと政府セクター間の政策・戦略キャパシティの明らかな不均衡を軽減するのに、重要なステップになると考えられています。そのような組織の権限を検討し、多様なパートナーや資金提供者からの資金やサポートが必要なことを鑑みつつ、その組織へのリソース提供の方法を特定する必要があります。

(iii) コンパクトに賛同するすべてのパートナーは、既存のボランタリー・セクター・フォーラムに変わる、共通の問題意識や課題に関するセクター間や組織間のコンサルテーションや議論の、より効果的なプロセスを検討すべきです。ボランタリー&コミュニティ・セクター内のより強力なコミュニケーションのネットワーク作りも必要ですが、サブ・パートナーシップ構造の設定やBSPのコーディネーター的役割なども考慮しつつ、ボランタリー&コミュニティ・セクターと政府セクターとの正式な対話の場の設定について合意することがより重要です。これは今後の検討課題になります。

黒人および少数民族問題

バーミンガム市には多様な民族が混在し、それら異なる民族コミュニティ独自のニーズに応えるために多種多様なグループや組織が設立されているという認識は、このコンパクトの根幹のひとつです。コンパクトの黒人およびエスニック・マイノリティ問題に関するパートの策定において採用すべきあらゆるアプローチは、上で設定された価値と原則、特に「コンパクトは、人種差別の撤廃や

コミュニティ結束の促進、機会平等の擁護において、重要な手段とみなされるべきである」、という原則の下に形成されなければなりません。

　BVCSCの提案による具体的な取り組みとして：
(i)　すべての関係者は、現在多くの業務慣例が前提としている「エスニック・マイノリティの価値観や関心・理解と、独自の行動原則をもった独立した『黒人およびエスニック・マイノリティのボランタリー・セクター』なるものが存在する」という考えから脱却する必要があります。この前提は、「黒人およびエスニック・マイノリティ・セクター」とその他「主要なグループ」の分離を促し、多様性の原則を損なうことにつながります。「バーミンガム人種活動パートナーシップ（Birmingham Race Action Partnership）」が策定した「アセスメント・フレームワーク（評価枠組み）」の草稿では、組織のカテゴリー分けを、単に民族ごとに行うのではなく、組織の目標や目的ごとにより建設的に行うサポートを提供しています。このアプローチを改良しテストするのに更なる作業が必要ですし、そのためのリソースも確保する必要があります。

(ii)　前項で取り上げられた「ガバナンス」の問題は、黒人およびエスニック・マイノリティ関連組織のニーズに直接関係するものです。つまり、上で提案されたすべての活動―特に「シンクタンク」やボランタリー・セクター・フォーラムの代替組織といった新しい組織の設立―に際しては、黒人およびエスニック・マイノリティ関連組織に完全に門戸を開いておかなければなりません。黒人およびエスニック・マイノリティ関連組織のキャパシティ構築やインフラストラクチャ整備といったニーズは、そのための独自の開発エージェンシーによるものではなく、ボランタリー＆コミュニティ・セクターに関する本流的（mainstream）プロセスの中で対応されなくてはなりません。

(iii)　同様に、キャパシティ構築やその他サポートを大規模に提供する組織（どのセクターに属するに関わらず）は、黒人およびエスニック・マイノリティ関連組織のニーズを、特別なプロジェクトではなく、組織の本流的プログラムの一環として提供する手段を検討していくべきです。

(iv)　黒人およびエスニック・マイノリティ関連組織がより広範なコミュニティ参画プロセスに関与するケースでは、彼らを特定の民族コミュニティの「代表」としてみるのではなく、彼らが

組織として持つ専門知識やサービスを活用するという認識のもとに、そのプロジェクトを進めていく必要があります。

パートナーシップ

近年急増するパートナーシップに関する作業は―そのほとんどが政府政策の直接的要件として求められるものですが―ボランタリー＆コミュニティ・セクター、政府セクター双方にとって大きなチャレンジです。特に、通常パートナーシップに参加するためのインフラストラクチャやリソースが不足するボランタリー＆コミュニティ・セクターにとっては、大変な要求です。さらに、パートナーシップが形成される意図として、その資金提供メカニズムや説明責任の構造は、ボランタリー＆コミュニティ・セクターを軽視し、政府セクターに対して権力が弱められるような形で設定されがちです。

このような現状では、上で提案された、ボランタリー＆コミュニティ・セクターのキャパシティを強化するための諸活動は、パートナーシップにまつわる問題に大きな効果を与えるはずです。このコンパクトが提示する更なる活動としては：

(i) 既存のパートナーシップ組織について、その妥当性、関連性、効率性なども調査し、合併や廃止なども含めて再検討すべきです。

(ii) 今後も存続するあるいは新たに設定されるパートナーシップは、その役割と目的や、地域コミュニティやその他組織とのコミュニケーションの戦略、さらには、ボランタリー＆コミュニティ・セクター参画の本質とはいかなるものか、といったポイントを明確にしておく必要があります。

(iii) パートナーシップにおけるボランタリー＆コミュニティ・セクターの参画は、中間支援組織や開発支援組織などによってサポートされファシリテートされるべきです。これらの支援組織は、地域レベルにおいて、優良事例の共有、サポート・ネットワークの構築、コミュニティ組織のキャパシティ構築、政府セクターへの地域の巻き込みやサービス企画の働きかけ、といった活動を展開します。

資金提供

「ボランタリー＆コミュニティ・セクターへの資金提供をどのように行うか」、「それら提供される資金はボランタリー＆コミュニティ・セクターの活動の何をカバーするのか」といった問題は、前述のオーナーシップや権力といった議論の

核心に関わるものです。コンパクトは、これまでの資金提供プロセス—通常短期間で、かつ／あるいは競争的—が、ボランタリー＆コミュニティ・セクターを、資金提供者である政府セクターの従属的なパートナーとして位置付けることを助長してきた、と認識しています。ですから、原則的には、中期的な資金プログラムを設定し、ボランタリー＆コミュニティ組織のコア資金確保の必要性を認識する共通のアプローチへのコミットメントが求められます。

コンパクトは以下の行動の実践を実現します：

(i) BVCSCの報告書や、「ボランタリー組織代表協会（ACEVO）」のコア資金モデル、「全国ボランタリー組織評議会（NCVO）」と内務省による優良事例規範での議論や提案をもとに、詳細な提言書を作成すべきです。その目標として：

○ ボランタリー＆コミュニティ・セクターが担当する公共サービス提供活動のほとんどにおいて、質の高いサービス提供に対して3年サイクルの資金を設定する。パイロット事業については、短期的資金も確保する

○ バーミンガム市の現状にふさわしいフル・コスト・リカバリー（間接費を含めた事業全てにかかるコストの支払い）のモデルを提供すると共に、提供可能な資金が全体的に増加しない中で、このモデル採用による資金配分へのインパクトについても考慮する

○ 「コーポレート・ゲートウェイ」アプローチを採用し、公共団体資金へのアクセスの簡略化と、入札・評価・質管理のプロセスの調和を促進する

(ii) 政府セクターの組織はそれぞれ、(i)で提示された包括的アプローチに沿って、ボランタリー＆コミュニティ・セクターへの資金提供に関する明確な組織戦略を作成すべきです。それぞれの組織は、内部のすべての部局においてアプローチの一貫性を確保すべきで、それにより組織の活動は、機会平等と透明性の原則に特徴付けられたものとなります。

委託契約

ボランタリー＆コミュニティ・セクターが公共サービス提供において主要な役割を果たす最近の傾向（中央政府が熱心に促進していますが）により、「委託契約」がボランタリー＆コミュニティ・セクターと政府セクターを仲介する主要なプロセスとなっています。委託契約の急

速な広まりは、双方に、委託交渉・運営の技術やアプローチの透明性確保など、かなりの要求を強いています。

ボランタリー&コミュニティ・セクターに求められるこれらのニーズの多くは、上で提示されたキャパシティ構築やインフラストラクチャ整備のプログラムで対応することが出来ます。

政府セクターのニーズはボランタリー&コミュニティ・セクターのものとはかなり異なります。委託契約プロセスを改善するための具体的な活動としては―「資金提供」の項で提示されたものに加えて―以下のものが挙げられます：

(i) 個別の公共団体および法律で設定されたパートナーシップが関与する委託契約プロセスの明瞭性・透明性・一貫性の更なる向上。これには、委託される公共サービスを明確にし、委託契約の詳細なプロセス、例えば契約内容、資金、評価プロセス、を説明する適切な協定書の作成・公表が必要です。

これにより、委託契約を、優先事項、組織のキャパシティ、サービス仕様、合意された品質レベル、をもとに効果的に行うことが可能になります。

(ii) 委託契約プロセスは、黒人およびエスニック・マイノリティ問題やボランタリー&コミュニティ・セクターが必要とする長期的サポートへの対応を通して、このコンパクトの原則に沿った「付加価値度 (additionality)」を設定します。

《執筆者紹介》

白石　克孝（しらいし・かつたか）
　龍谷大学法学部教授
　名古屋大学大学院法学研究科博士後期課程単位取得
　名古屋大学助手を経て、1988年より龍谷大学助教授、1999年より現職
　　［主な著書］
　『分権社会の到来と新フレームワーク』（編著、日本評論社、2004年）
　『現代のまちづくりと地域社会の変革』（共著、学芸出版社、2002年）、など

辻本　乃理子（つじもと・のりこ）
　大阪健康福祉短期大学介護福祉学科講師
　奈良女子大学大学院人間文化研究科博士後期課程修了　博士（学術）
　龍谷大学地域人材・公共政策開発システム オープン・リサーチ・センター（LORC）
　リサーチ・アシスタントを経て、2006年より現職
　　［主な著書・論文］
　『都市居住高齢者の緑行動に対する社会的支援のあり方とその効果に関する研究』
　（奈良女子大学大学院博士論文、2004年）
　『地域居住とまちづくり』（共著、せせらぎ出版、2005年）、など

的場　信敬（まとば・のぶたか）
　龍谷大学地域人材・公共政策開発システム オープン・リサーチ・センター（LORC）
　博士研究員、龍谷大学法学部非常勤講師
　Ph.D. in Urban and Regional Studies, at the Centre for Urban and Regional Studies, School of Public Policy, University of Birmingham, England
　特定非営利活動法人グラウンドワーク福岡主任研究員を経て、2004年よりLORC
　博士研究員、2006年より龍谷大学非常勤講師
　　［主な論文］
　Local Agenda 21 as an International Framework for Sustainable Development: Its Application and Effectiveness in Japan, A Ph.D. thesis at the School of Public Policy of the University of Birmingham, 2003.
　「イギリスにおけるパートナーシップ型地域再生－グラウンドワーク事業にみる企業体的トラスト運営」『松山大学地域研究ジャーナル15』（2005年）、など

「地域ガバナンスシステム・シリーズ」発行にあたって

日本は明治維新以来百余年にわたり、西欧文明の導入による近代化を目指して国家形成を進めてきました。しかし今日、近代化の強力な推進装置であった中央集権体制と官僚機構はその歴史的使命を終え、日本は新たな歴史の段階に入りつつあります。

時あたかも、国と地方自治体との間の補完性を明確にし、地域社会の自己決定と自律を基礎とする地方分権一括法が世紀の変わり目の二〇〇〇年に施行されて、中央集権と官主導に代わって分権と官民協働が日本社会の基本構造になるべきことが明示されました。日本は今、新たな国家像に基づく社会の根本的な構造改革を進める時代に入ったのです。

しかしながら、百年余にわたって強力なシステムとして存在してきたガバメント（政府）に依存した社会運営を、主権者である市民と政府と企業との協働を基礎とするガバナンス（協治）による社会運営に転換させることは容易に達成できることではありません。特に国の一元的支配と行政主導の地域づくりによって二重に官依存を深めてきた地域社会においては、各部門の閉鎖性を解きほぐし協働型の地域社会システムを主体的に創造し支える地域公共人材の育成や地域社会に根ざした政策形成のための、新たなシステムの構築が決定的に遅れていることに私たちは深い危惧を抱いています。

本ブックレット・シリーズは、ガバナンス（協治）を基本とする参加・分権型地域社会の創出に寄与し得る制度を理念ならびに実践の両面から探求し確立するために、地域社会に関心を持つ幅広い読者に向けて、様々な関連情報を発信する場を提供することを目的として刊行するものです。

二〇〇五年三月

龍谷大学　地域人材・公共政策開発システム
オープン・リサーチ・センターセンター長　富野　暉一郎

地域ガバナンスシステム・シリーズ No.7
政府・地方自治体と市民社会の戦略的連携
―英国コンパクトにみる先駆性―

| 2008年3月31日 初版発行 | 定価（本体1,000円＋税） |

企　　画	龍谷大学地域人材・公共政策開発システム
	オープン・リサーチ・センター（LORC）
	http://lorc.ryukoku.ac.jp
編　　著	的場　信敬
発 行 人	武内　英晴
発 行 所	公人の友社
	〒112-0002　東京都文京区小石川5－26－8
	ＴＥＬ 03-3811-5701
	ＦＡＸ 03-3811-5795
	Ｅメール koujin@alpha.ocn.ne.jp
	http://www.e-asu.com/koujin/

朝日カルチャーセンター 地方自治講座ブックレット

No.7 自治体再構築における行政組織と職員の将来像
今井照 1,100円

No.8 持続可能な地域社会のデザイン
植田和弘 1,000円

No.9 政策財務の考え方
加藤良重 1,000円

No.10 市場化テストをいかに導入するべきか 〜市民と行政
竹下譲 1,000円

政策・法務基礎シリーズ ——東京都市町村職員研修所編

No.1 これだけは知っておきたい 自治立法の基礎
600円 [品切れ]

No.2 これだけは知っておきたい 政策法務の基礎
800円

No.5 政策法務がゆく
北村喜宣 1,000円

都市政策フォーラムブックレット
（首都大学東京・都市教養学部 都市政策コース 企画）

No.1 「新しい公共」と新たな支え合いの創造へ——多摩市の挑戦
首都大学東京・都市政策コース 900円

No.2 景観形成とまちづくり ——「国立市」を事例として——
首都大学東京・都市政策コース 1,000円

シリーズ「生存科学」
（東京農工大学生存科学研究拠点 企画・編集）

No.2 再生可能エネルギーで地域がかがやく ——地産地消型エネルギー技術——
秋澤淳・長坂研・堀尾正靱・小林久 1,100円

No.4 地域の生存と社会的企業 ——イギリスと日本との比較をとおして——
柏雅之・白石克孝・重藤さわ子 1,200円

No.5 地域の生存と農業知財
澁澤栄・福井隆・正林真之 1,000円

No.6 風の人・土の人 ——地域の生存とNPO——
千賀裕太郎・白石克孝・柏雅之・福井隆・飯島博・曽根原久司・関原剛 1,400円

自治体ブックレット

No.1 自治体経営と政策評価
山本清 1,000円

No.2 ガバメント・ガバナンスと行政評価システム
星野芳昭 1,000円

No.4 政策法務は地方自治の柱づくり
辻山幸宣 1,000円

No.23 新版・2時間で学べる「介護保険」
加藤良重 800円

No.24 男女平等社会の実現と自治体の役割
山梨学院大学行政研究センター 1,200円

No.25 市民がつくる東京の環境・公害条例
市民案をつくる会 1,000円

No.26 東京都の「外形標準課税」はなぜ正当なのか
青木宗明・神田誠司 1,000円

No.27 少子高齢化社会における福祉のあり方
山梨学院大学行政研究センター 1,200円

No.28 財政再建団体
橋本行史 1,000円

No.29 交付税の解体と再編成
高寄昇三 1,000円 [品切れ]

No.30 町村議会の活性化
山梨学院大学行政研究センター 1,200円

No.31 地方分権と法定外税
外川伸一 800円

No.32 東京都銀行税判決と課税自主権
高寄昇三 1,000円

No.33 都市型社会と防衛論争
松下圭一 900円

No.34 中心市街地の活性化に向けて
山梨学院大学行政研究センター 1,200円

No.35 自治体企業会計導入の戦略
高寄昇三 1,100円

No.36 行政基本条例の理論と実際
神原勝・佐藤克廣・辻道雅宣 1,100円

No.37 市民文化と自治体文化戦略
松下圭一 800円

No.38 まちづくりの新たな潮流
山梨学院大学行政研究センター 1,200円

No.39 ディスカッション・三重の改革
中村征之・大森彌 1,200円

No.40 政務調査費
宮沢昭夫 1,200円

No.41 市民自治の制度開発の課題
山梨学院大学行政研究センター 1,100円

No.42 《改訂版》自治体破たん・「夕張ショック」の本質
橋本行史 1,200円

No.43 分権改革と政治改革 ～自分史として
西尾勝 1,200円

No.44 自治体人材育成の着眼点
浦野廣一・三関浩司・井澤壽美子・野田邦弘・西村浩・杉谷知也・坂口正治・田中富雄 1,200円

No.45 障害年金と人権
——代替的紛争解決制度と大学・専門集団の役割——
橋本宏子・森田明・湯浅和恵・池原毅和・青木久馬・澤静子・佐々木久美子 1,400円

No.46 地方財政健全化法で財政破綻は阻止できるか
夕張・篠山市の財政運営責任を追及する
高寄昇三 1,200円

No.47 地方政府と政策法務
市民・自治体職員のための基本テキスト
加藤良重 1,200円

TAJIMI CITY ブックレット

No.2 転型期の自治体計画づくり
松下圭一 1,000円

No.3 これからの行政活動と財政
西尾勝 1,000円

No.4 構造改革時代の手続的公正と第2次分権改革 手続の公正の心理学から
鈴木庸夫 1,000円

No.5 自治基本条例はなぜ必要か
辻山幸宣 1,000円 [品切れ]

No.6 自治のかたち法務のすがた 政策法務の構造と考え方
天野巡一 1,100円

No.102 道州制の論点と北海道
佐藤克廣 1,000円

No.103 自治体基本条例の理論と方法
神原勝 1,100円

No.104 働き方で地域を変える
〜フィンランド福祉国家の取り組み
山田眞知子 800円

《平成17年度》

No.107 公共をめぐる攻防
〜市民的公共性を考える
樽見弘紀 600円

No.108 三位一体改革と自治体財政
岡本全勝・山本邦彦・北良治・逢坂誠二・川村喜芳 1,000円

No.109 連合自治の可能性を求めて
サマーセミナー in 奈井江
松岡市郎・堀則文・三本英司・佐藤克廣・砂川敏文・北良治 他 1,000円

No.110 「市町村合併」の次は「道州制」か
高橋彦芳・北良治・脇紀美夫・碓井直樹・森啓 1,000円

《平成18年度》

No.112 「小さな政府」論とはなにか
牧野富夫 700円

No.113 栗山町発・議会基本条例
橋場利勝・神原勝 1,200円

No.114 北海道の先進事例に学ぶ
宮谷内留雄・安斎保・見野全・佐藤克廣・神原勝 1,000円

No.115 地方分権改革のみちすじ
—自由度の拡大と所掌事務の拡大—
西尾勝 1,200円

No.111 コミュニティビジネスと建設帰農
松本懿・佐藤吉彦・橋場利夫・山北博明・飯野政一・神原勝 1,000円

地方自治ジャーナル ブックレット

No.2 政策課題研究の研修マニュアル
首都圏政策研究・研修研究会 1,166円

No.3 使い捨ての熱帯林
熱帯雨林保護法律家リーグ 971円

No.4 自治体職員世直し志士論
村瀬誠 971円

No.5 行政と企業は文化支援で何ができるか
日本文化行政研究会 1,166円 [品切れ]

No.7 パブリックアート入門
竹田直樹 1,166円

No.8 市民的公共と自治
今井照 1,166円 [品切れ]

No.9 ボランティアを始める前に
佐野章二 777円

No.10 自治体職員の能力
自治体職員能力研究会 971円

No.11 パブリックアートは幸せか
山岡義典 1,166円

No.12 市民がになう自治体公務
パートタイム公務員論研究会 1,359円

No.13 行政改革を考える
山梨学院大学行政研究センター 1,166円

No.14 上流文化圏からの挑戦
山梨学院大学行政研究センター 1,166円

No.15 市民自治と直接民主制
高寄昇三 951円

No.16 議会と議員立法
上田章・五十嵐敬喜 1,600円

No.17 分権段階の自治体と政策法務
松下圭一他 1,456円

No.18 地方分権と補助金改革
高寄昇三 1,200円

No.19 分権化時代の広域行政
山梨学院大学行政研究センター 1,200円

No.20 あなたのまちの学級編成と
田嶋義介 1,200円

No.21 地方分権
加藤良重 1,000円

No.22 自治体も倒産する
ボランティア活動の進展と自治体の役割
山梨学院大学行政研究センター 1,200円

《平成12年度》

No.57 自治体職員の意識改革を如何にして進めるか
林嘉男　1,000円　[品切れ]

No.59 環境自治体とISO
畠山武道　700円

No.60 転型期自治体の発想と手法
松下圭一　900円

No.61 分権の可能性 スコットランドと北海道
山口二郎　600円

No.62 機能重視型政策の分析過程と財務情報
宮脇淳　800円

No.63 自治体の広域連携
佐藤克廣　900円

No.64 自治時代における地域経営
見野全　700円

No.65 分権時代は住民自治の区域の変更である。
森啓　800円

No.66 自治体学のすすめ
田村明　900円

No.67 市民・行政・議会のパートナーシップを目指して
松山哲男　700円

No.69 新地方自治法と自治体の自立
井川博　900円

No.70 分権型社会の地方財政
神野直彦　1,000円

No.71 自然と共生した町づくり 宮崎県・綾町
森山喜代香　700円

No.72 情報共有と自治体改革 ニセコ町からの報告
片山健也　1,000円

《平成13年度》

No.73 地域民主主義の活性化と自治体改革
山口二郎　600円

No.74 分権は市民への権限委譲
上原公子　1,000円

No.75 今、なぜ合併か
瀬戸亀男　800円

No.76 市町村合併をめぐる状況分析
小西砂千夫　800円

《平成14年度》

No.78 ポスト公共事業社会と自治体政策
五十嵐敬喜　800円

No.80 自治体人事政策の改革
森啓　800円

No.82 地域通貨と地域自治
西部忠　900円

No.83 北海道経済の戦略と戦術
宮脇淳　800円

No.84 地域おこしを考える視点
矢作弘　700円

No.87 北海道行政基本条例論
神原勝　1,100円

No.90 「協働」の思想と体制
森啓　800円

No.91 協働のまちづくり 三鷹市の様々な取組みから
秋元政三　700円

《平成15年度》

No.92 シビル・ミニマム再考 ベンチマークとマニフェスト
松下圭一　900円

No.93 市町村合併の財政論
高木健二　800円

No.95 市町村行政改革の方向性 ～ガバナンスとNPMのあいだ
佐藤克廣　800円

No.96 創造都市と日本社会の再生
佐々木雅幸　800円

No.97 地方政治の活性化と地域政策
山口二郎　800円

No.98 多治見市の政策策定と政策実行
西寺雅也　800円

No.99 自治体の政策形成力
森啓　700円

《平成16年度》

No.100 自治体再構築の市民戦略
松下圭一　900円

No.101 維持可能な社会と自治 ～『公害』から『地球環境』へ
宮本憲一　900円

No.18 行政の文化化 森啓 [品切れ]
No.19 政策法学と条例 森啓 [品切れ]
No.20 政策法学と自治体 阿倍泰隆 [品切れ]
No.21 政策法務と自治体 岡田行雄 [品切れ]
No.22 分権時代の自治体経営 北良治・佐藤克廣・大久保尚孝 [品切れ]
No.23 地方分権推進委員会勧告とこれからの地方自治 西尾勝 500円
No.25 自治体の施策原価と事業別予算 畠山武道 [品切れ]
No.26 産業廃棄物と法 小口進一 600円
《平成10年度》
No.27 比較してみる地方自治 田口晃・山口二郎 [品切れ]
No.28 議会改革とまちづくり 森啓 400円
No.29 自治の課題とこれから 逢坂誠二 [品切れ]
No.30 内発的発展による地域産業の振興 保母武彦 [品切れ]
No.31 地域の産業をどう育てるか 金井一頼 600円
No.32 金融改革と地方自治体 宮脇淳 600円
No.33 ローカルデモクラシーの統治能力 山口二郎 400円
No.34 政策立案過程への「戦略計画」手法の導入 佐藤克廣 [品切れ]
No.35 98サマーセミナーから「変革の時」の自治を考える [品切れ]
No.36 地方自治のシステム改革 辻山幸宣 [品切れ]
No.37 分権時代の政策法務 礒崎初仁 [品切れ]
《平成11年度》
No.38 地方分権と法解釈の自治 兼子仁 [品切れ]
No.39 市民的自治思想の基礎 今井弘道 500円
No.40 自治基本条例への展望 辻道雅宣 [品切れ]
No.41 少子高齢社会と自治体の福祉法務 加藤良重 400円
No.42 改革の主体は現場にあり 山田孝夫 900円
No.43 自治と分権の政治学 鳴海正泰 1,100円
No.44 公共政策と住民参加 宮本憲一 1,100円
No.45 農業を基軸としたまちづくり 小林康雄 800円
No.46 これからの北海道農業とまちづくり 篠田久雄 800円
No.47 自治の中に自治を求めて 佐藤守 1,000円
No.48 介護保険は何を変えるのか 池田省三 1,100円
No.49 介護保険と広域連合 大西幸雄 1,000円
No.50 自治体職員の政策水準 森啓 1,100円
No.51 分権型社会と条例づくり 篠原一 1,000円
No.52 自治体における政策評価の課題 佐藤克廣 1,000円
No.53 小さな町の議員と自治体 室崎正之 900円
No.54 地方自治を実現するために法が果たすべきこと 木佐茂男 [未刊]
No.55 改正地方自治法とアカウンタビリティ 鈴木庸夫 1,200円
No.56 財政運営と公会計制度 宮脇淳 1,100円

地域ガバナンスシステム・パートナーシップシリーズ
（龍谷大学地域人材・公共政策開発システム オープン・リサーチ・センター企画・編集）

No.1 地域人材を育てる 自治体研修改革
土山希美枝 900円

No.2 公共政策教育と認証評価システム―日米の現状と課題―
坂本勝 編著 1,100円

No.3 暮らしに根ざした心地良いまち
野呂昭彦・逢坂誠二・関原剛・吉本哲郎・白石克孝・堀尾正靱 1,100円

No.4 持続可能な都市自治体づくりのためのガイドブック
「オルボー憲章」「オルボー誓約」翻訳所収
白石克彦・イクレイ日本事務所編 1,100円

No.5 英国における地域戦略パートナーシップの挑戦
白石克彦編・的場信敬監訳 900円

No.6 マーケットと地域をつなぐ協会という連帯のしくみ
白石克彦編・園田正彦著 1,000円

No.7 政府・地方自治体と市民社会の戦略的連携
―英国コンパクトにみる先駆性―
的場信敬編著 1,000円

No.8 財政縮小時代の人材戦略 多治見モデル
大矢野修編著 1,400円

No.9 行政学修士教育と人材育成―米中の現状と課題―
坂本勝著 1,100円

No.10 アメリカ公共政策大学院の認証評価システムと評価基準
―NASPAAのアクレディテーションの検証を通して
早田幸政 1,200円

北海道自治研ブックレット

No.1 市民・自治体・政治 再論・人間型としての市民
松下圭一 1,200円

地方自治土曜講座ブックレット

《平成7年度》

No.1 現代自治の条件と課題
神原勝 [品切れ]

No.2 自治体の政策研究
森啓 600円

No.3 現代政治と地方分権
山口二郎 [品切れ]

No.4 行政手続と市民参加
畠山武道 [品切れ]

No.5 成熟型社会の地方自治像
間島正秀 [品切れ]

No.6 自治体法務とは何か
木佐茂男 [品切れ]

No.7 自治と参加 アメリカの事例から
佐藤克廣 [品切れ]

No.8 政策開発の現場から
小林勝彦・大石和也・川村喜芳 [品切れ]

《平成8年度》

No.9 まちづくり・国づくり
五十嵐広三・西尾六七 [品切れ]

No.10 自治体デモクラシーと政策形成
山口二郎 [品切れ]

No.11 自治体理論とは何か
森啓 [品切れ]

No.12 池田サマーセミナーから
間島正秀・福士明・田口晃 [品切れ]

No.13 憲法と地方自治
中村睦男・佐藤克廣 [品切れ]

No.14 まちづくりの現場から
斎藤外一・宮嶋望 [品切れ]

No.15 環境問題と当事者
畠山武道・相内俊一 [品切れ]

No.16 情報化時代とまちづくり
千葉純一・笹谷幸一 [品切れ]

No.17 市民自治の制度開発
神原勝 [品切れ]

《平成9年度》

「官治・集権」から
「自治・分権」へ

市民・自治体職員・研究者のための
自治・分権テキスト

《出版図書目録》

公人の友社

112-0002　東京都文京区小石川 5 − 26 − 8
TEL　03-3811-5701
FAX　03-3811-5795
メールアドレス　koujin@alpha.ocn.ne.jp

●ご注文はお近くの書店へ
　小社の本は店頭にない場合でも、注文すると取り寄せてくれます。
　書店さんに「公人の友社の『〇〇〇〇』をとりよせてください」とお申し込み下さい。5日おそくとも10日以内にお手元に届きます。
●直接ご注文の場合は
　電話・FAX・メールでお申し込み下さい。（送料は実費）
　　TEL　03-3811-5701　FAX　03-3811-5795
　　メールアドレス　koujin@alpha.ocn.ne.jp

（価格は、本体表示、消費税別）